JAN MATHIS EICK lebt in Köln. Er lehrt Drehbuchschreiben und arbeitet fürs Fernsehen.

Jan Mathis Eick

LIEBER ZU ALT FÜR DEN SCHEISS ALS ZU SCHEISSE FÜR MEIN ALTER

Einsichten aus der
~~Midlifekrise~~ Lebensmitte

Rowohlt Taschenbuch Verlag

Originalausgabe
Veröffentlicht im Rowohlt Taschenbuch Verlag, Hamburg, August 2021
Copyright © 2021 by Rowohlt Verlag GmbH, Hamburg
Covergestaltung zero-media.net, München
Coverabbildung FinePic®, München
Innentypografie Jasmin Krause
Satz aus der Swift
Gesamtherstellung CPI books GmbH, Leck, Germany
ISBN 978-3-499-00614-2

INHALT

ERSTES KAPITEL, *in dem ich eine erschreckende Erkenntnis mache*

Letztens war ich in einem Wagen voller Anfangspubertierender unterwegs. Warum? Weil die zwölf- bis dreizehnjährigen Jungs zwar einerseits supergroß, supercool und supersuperselbständig sind, sich aber andererseits gerade mal ein Butterbrot schmieren können. Und selbst das kriegen sie nur dann hin, wenn sie daraufhin sofort ALLES liegen lassen: das aufgeschnittene Brot, das schmutzige Messer, die Butter, die Salami, den Käse, die Mayonnaise, die Marmelade. (Fragen Sie mich nicht nach dieser Kombination, aber Tatsache ist: Die essen das alles zusammen. Gleichzeitig. Mein Sohn zumindest.) Auch die Krümel und die offene Milchflasche bleiben auf der Anrichte – und zwar den ganzen Nachmittag lang. Abends haben sich dann schon die Ränder der mittlerweile grauen Salami gewellt, das Brot ist steinhart, die Krümel sind auf der Tischplatte festgewachsen, und die Milch hat sich in Richtung Käse entwickelt, der Käse selbst allerdings ist zu einer undefinierbaren Masse geworden. Und all das, weil ihre pubertierenden Gehirnzellen nur dem Befehl «Essen! Jetzt!» gefolgt sind und jede Konsequenz absolut ausgeblendet haben. Komisch, wo die Jungs in dem Alter sonst doch extrem auf Konsequenzen achten. Etwa wenn es darum geht, wie lange sie ihr Handy nutzen dürfen, wenn sie vorher das und das gemacht haben. Zum Fußball kommen sie jedenfalls nicht alleine, obwohl sie sonst jede Bahnverbindung auswendig kennen, die sie zu Footlocker, McDonald's oder zur Eisdiele führt.

Als ich in diesem Wagen saß und vier anfangspubertierende Jungs zum Fußballspiel fuhr, stellte ich Folgendes fest: A) Nicht jeder von ihnen benutzte ein Deo. B) Mindestens einer trug seine Socken schon sehr, sehr lang. C) Sie alle hatten einen mehr als fragwürdigen Musikgeschmack. Dennoch wurde ich, während ich den Jungs so hinterhersah, wie sie über den Parkplatz liefen und meinen hilflosen Ruf «Ich hole euch um vier wieder ab! Das Spiel ist doch um vier zu Ende, oder? Hallo? Könnt ihr mal ...» völlig ignorierten, auf einmal ganz sentimental. Nicht weil mein Sohn mich nicht mehr beachtet und immer mehr auf eigenen Füßen steht und bald größer ist als ich und ganz bald, es ist nur noch eine Frage von Wochen, ausziehen wird und dann nur noch einmal im Jahr zu Weihnachten nach Hause kommt und sich zwischendurch höchstens meldet, um mich anzupumpen ... Äh, wo war ich?

Genau: Bei dem Bild dieser vier Jungs auf dem Parkplatz: Ihre Rücken durchgedrückt, die Köpfe erhoben, die langen, schlaksigen Beine und Arme zwar etwas unkoordiniert schlenkernd, dafür aber voller Energie. Sie *bebten* vor Kraft und Virilität – ohne dass ihnen das überhaupt bewusst war. Und ohne dass sie damit etwas anfangen konnten. Außer Fußballspielen vielleicht. Ihre Körper waren eine straffe und gleichzeitig elastische Materie, die im nächsten Moment explodieren und von null auf hundert in einer Sekunde beschleunigen konnte. Egal, in welche Richtung. Sie alle waren kräftig, kompakt, gleichzeitig schlank und elegant. Und voller Energie. Unter uns: Mein Sohn hat einen Eightpack! Keinen Sixpack, nein, ACHT Muskeln sind da zu sehen. Ich weiß gar nicht, wie das anatomisch möglich ist. Erst recht, wenn man sich ansieht, was der isst: Käse-Salami-Mayonnaise-Marmeladen-Butterbrot, und zwar in rauen Mengen. Natürlich nur, wenn kein Burger oder Gyros oder Nudelauflauf in der Nähe ist.

Ich betone immer, dass das Eightpack vererbt ist. Also durch *mich*! Nicht durch meine Frau! Na, danke für Ihr Vertrauen.

Gut, wenn wir ehrlich sind: Sabine hat den schlankeren Bauch. Und natürlich hat keiner von uns einen Six-, Four- oder auch nur Twopack. In unserem Alter haben das nur neurotische Extremsportler kurz vor der Magersucht oder Brad Pitt und Daniel Craig. Aber ich habe auch gelesen, wie sehr die sich runterhungern müssen vor dem Dreh. Für eine Oben-ohne-Szene drei Monate Selbstkasteiung! Kein Wunder, dass der Daniel Craig als James Bond aufhört. Weil der mal wieder essen will!

Als ich in dem Wagen saß und den vier Silhouetten hinterhersah und dann auf meine teigigen Finger blickte, die den Anlasser wieder betätigten, fühlte ich mich auf jeden Fall auf einmal entsetzlich alt. Und fett. Und formlos. Wie der Käse, den mein Sohn auf der Küchenplatte vergessen hatte. Und da hatte ich noch nicht mal auf meinen Bauch geschaut.

Verstehen wir uns nicht falsch: Mein Körper ist schon okay. Ich bin nie zu fett, zu groß, zu klein, zu krumm oder zu irgendwas gewesen, sondern einfach nur: normal. Klar hatte ich früher auch mal neidisch auf andere Oberarme gestarrt und mich gefragt, warum mein Bizeps so groß nicht wachsen wollte oder warum meine Schultern nicht so breit, mein Po dagegen vielleicht etwas zu breit oder die Oberschenkel zu dick waren ... Doch insgesamt war das alles schon in Ordnung gewesen. Irgendwie. Aber jetzt? Mein Po, der früher mal ein Knackarsch gewesen war (das hatte nicht nur Sabine, sondern das hatten auch andere Frauen, die ich dann aber nicht geheiratet habe, mehrfach betont), rutschte formlos auf dem Autositz herum, und der Gurt schnitt in meinen Bauch.

Und dann lief auch noch Sophie vor meiner Nase vorbei! Sophie ist die ziemlich attraktive, etwas jüngere Mutter eines der Sporttalente aus der Mannschaft meines Sohnes. Ich winkte ihr zu. Lächelnd. Sophie ignorierte mich. Ich war unsichtbar.

Und zwar zu Recht.

Denn ich hatte mich heute ja noch nicht mal selbst angesehen! Oder vielmehr: In den ganzen letzten Jahren nicht! Ich hatte meinen Körper seit Ewigkeiten nicht mehr richtig angeschaut. Ich hatte ihn wahrgenommen, als wäre er, tja, so was wie das Küchenfenster. Nämlich gar nicht. Ja, man benutzt es jeden Tag. Aber man denkt nicht drüber nach, es ist einfach da. Es fällt nur auf, wenn es dreckig ist und man überlegt, es zu putzen. Was bei mir höchstens einmal im Jahr vorkommt. Hm ... Moment. Wer putzt eigentlich die Fenster bei uns? Ich jedenfalls nicht. Wahrscheinlich Sabine. Oder die Putzfrau? Ich habe noch nie darüber nachgedacht. Das sagt eine Menge über mich aus, oder? Ebenso über meine Beziehung. Und über die Beziehung zu meinem Körper.

Also klar, nach den Weihnachtstagen gibt es immer mal einen Scherz übers Abnehmen, Gleiches gilt für die Zeit nach Karneval, und der erste Tag im Sommerurlaub ist natürlich wirklich, wirklich schlimm. Wenn man sich viel zu blass und rotädrig in die irgendwie viel zu kleine Badehose zwängt und einem die ersten Stunden lang ganz flau ist, weil man, nachdem man aus dem Hotelzimmer/ der Wohnung/dem Zelt getreten ist, die ganze Zeit panisch die Luft und den Bauch einzieht. Aber das hat doch jeder. Das ist doch ganz normal, dass man sich in bestimmten Momenten in seinem Körper etwas unwohl, zu dick oder zu formlos fühlt. Aber das gibt sich ja irgendwann auch wieder. Am zweiten Strandtag. Oder irgendwann, wenn man doch mal wieder mit seiner Frau geschlafen hat.

Aber in diesem Moment, da auf dem Parkplatz, hätte auch Sex mit Sabine kaum geholfen. Nachdem ich die Jungs beim Fußball abgesetzt hatte, fuhr ich nach Hause und betrachtete mich nackt im Spiegel. Ich sah: Formlosigkeit. Die Muskeln meiner Oberarme hingen nach unten. Die Schultern wirkten plötzlich speckig. Mein Rücken rund. Von dem Rettungsring um meine Hüften gar nicht zu reden. In diesem Moment wurde mir klar: Es geht nicht mehr weg. Dieses Gefühl, dass ich in einem Körper stecke, der irgendwie nicht mehr der meine ist. Aber gleichzeitig und leider schon derjenige, mit dem ich jetzt klarkommen muss, obwohl es echt unangenehm ist. Als ob Tante Inge nach den Weihnachtsfeiertagen sagt: So, ich bleibe jetzt hier bei euch. Ich ziehe jetzt hier ein.

Na danke.

Plötzlich hatte ich ein Körperbewusstsein. Und ein Gefühl von Endlichkeit. Zuvor hatte ich meinen Körper jahrelang ignoriert, hingenommen, kaum beachtet. Aber jetzt schob er sich erbarmungslos in mein Hirn, meine Gedanken. Mir wurde schmerzlich bewusst: Mein Körper zerfällt! Er zergeht langsam, verwandelt sich in immer mehr und immer weichere Teile. Wahrscheinlich werde ich irgendwann eine unförmige Masse sein, ein Blubb. Knapp vor der Auflösung in einen undefinierbaren Bakterienschleim.

Ich war in der Mitte meines Lebens. Das bedeutete aber auch, dass ich die Hälfte schon hinter mir hatte. Dass der Zenit überschritten war. Dass von jetzt an runtergezählt wird.

Diese Erkenntnis traf mich hart.

Also, wir werden alle irgendwann sterben. Das ist ja mal klar. Und es ist natürlich gut, das auch mal auszusprechen, sich mit den wichtigen, elementaren Themen zu beschäftigen, das Unausweichliche zu benennen. Wir sind hier ja schließlich nicht beim Töpfern. Sondern es geht ums Leben. Zur Erinnerung: Das ist das Ding, das wir täglich tun, während wir aufstehen, uns ins ungewaschene Gesicht blicken, ein trostloses Müsli in uns hineinschaufeln, zur Arbeit fahren, uns dort langweilen, ärgern, uns herausgefordert oder meinetwegen auch überfordert fühlen, den Abend mit der Familie, Freunden oder dem Bildschirm verbringen und irgendwann erschöpft zurück in die Federn sinken. Also das Ding, mit dem wir ständig unsere Zeit verbringen. Und zwar nicht nur Quality Time, sondern hundert Prozent unserer Zeit. Bis es dann vorbei ist und wir sterben. Das ist irgendwie … bitter, oder?

Wir sterben. Komisch, dass mir das nie aufgefallen ist. Na klar weiß man, dass man stirbt. Aber der Tod ist für mich immer etwas Unkonkretes gewesen, dahinten, in weiter, weiter Ferne, etwas, von dem man ahnt, dass es kommen würde, aber eben irgendwann. Und bis dahin dauert es noch ewig, insofern muss man sich nicht damit beschäftigen. Es ist ungefähr so, als würde man einem Grundschulkind seinen ersten Buchstaben erklären: Schau mal, das ist das «A». Und übrigens, das Abitur, das du in zwölf Jahren machen wirst, das fängt auch mit «A» an. Das Grundschulkind sieht den Erwachsenen mit großen Augen an und denkt sich: Zwölf Jahre sind das Doppelte meines jetzigen Lebensalters, glaubst du wirklich, ich könnte mir vorstellen, was das bedeutet, so längenmäßig? Und was habt ihr eigentlich dauernd mit eurem doofen Abitur? Ich weiß nicht, was das ist, aber okay, es ist anscheinend wichtig, und es fängt mit «A» an. Doch darf ich vielleicht überhaupt erst mal mit der Schule anfangen, bevor ich ans Ende denke?

Ich schweife schon wieder ab. Der Punkt ist: Ich begriff in diesem Moment vor dem Spiegel, dass ich sterben werde. Mal so in echt. In real. Ich weiß, dass es irgendwann vorbei sein wird. Vielleicht bald. Dafür brauchte es kein Nahtoderlebnis, keinen entsetzlich tragischen Unfall im Freundeskreis, keine dramatische Begebenheit, die mir meine Vergänglichkeit drastisch vor Augen geführt hätte, und keine blöden Losungssprüche à la *carpe diem*, die mir sagen, dass ich jeden Tag angehen soll, als wäre es mein letzter. Also: Was würde ich tun, wenn ich wüsste, dass ich heute Abend sterben werde? Ich würde sicherlich *nicht* zur Arbeit gehen. Ich würde *nicht* versuchen, diese Rechnung über den Hausratsversicherungsbeitrag nachzuvollziehen. Ich würde mir mittags die beste Flasche Wein aufmachen, die ich finden kann, ich würde definitiv Sex haben, ich würde endlich (!) wieder rauchen, und ich würde die Tafel Salzkaramell-Schokolade in einem Rutsch aufessen, die mich schon seit Wochen so verführerisch aus dem Schrank anblinzelt. Ja, ich würde sofort losziehen und noch drei weitere Tafeln kaufen. Kurz: Ich würde mir alles reinpfeifen, was geht, und so viele Glückshormone ausschütten wie möglich.

Aber das jeden Tag??? Hm, da wäre ich skeptisch, ob das funktioniert. Mein Arbeitgeber wäre bestimmt dagegen. Sabine und die Kinder wahrscheinlich auch. Ganz zu schweigen von meiner Leber und meiner Lunge.

Plötzlich begriff ich, dass ich mein Leben hinterfragen musste. Dass ich wirklich mal überprüfen musste, ob das, was ich da täglich tue, dieses Leben, eigentlich das Richtige für mich ist. Ob es nicht noch etwas anderes gibt. Etwas, das mehr Sinn macht. Das besser ist. Das mich glücklicher macht. Das mich mehr erfüllt.

Früher habe ich Leute belächelt, die das Wort «Erfüllung» benutzten. Alberner, esoterischer Scheiß. Befindlichkeitsmist. Aber wenn ich recht drüber nachdenke – so richtig *ausgefüllt* fühle ich mich nicht. Irgendwo ist da so ein komisches Gefühl. Eine diffuse Leere in mir. Eine Abgestumpftheit. Eine Taubheit. Gott, wie lang ist das her, dass ich mich richtig gespürt habe. Dass ich elektrisiert war, blitzend, vibrierend. *Lebend.*

Alles ist so langweilig. Eingefahren. Abgenutzt. Es sind die ewig gleichen Routinen. Abläufe. Regeln. Ja, es ist nicht alles schlecht, es gibt ein Auf und Ab, sicherlich. Wir bewegen uns eben wie auf den Schienen einer Achterbahn durchs Leben. Nur dass meine Achterbahn eher die Mäuse-Achterbahn für Kleinkinder ist, mit genau einer einzigen Erhöhung in der Mitte, wo es dann, hui, anderthalb Meter in den Abgrund geht. Genauso spannend und bewegt ist mein Leben.

Mir wurde klar, dass ich etwas ändern muss.

ZWEITES KAPITEL, *in dem ich mit meinem Körper hadere*

Ich beschloss also, etwas in meinem Leben zu ändern. Ich wusste noch nicht genau, was das sein würde, aber um mein angeknackstes Selbstbewusstsein aufzubauen, vereinbarte ich erst mal einen Friseurtermin. Im Gegensatz zu anderen Männern meines Alters bin ich zum Glück mit einem dichten Haarwuchs gesegnet. Ich war mir sicher: Ein frischer Schnitt (vielleicht die Seiten anrasiert?) und ich würde mich gleich besser fühlen. Ich hatte nicht bedacht, wie lange man beim Friseur vorm Spiegel sitzt.

Ich gehe seit Jahren zum selben Friseur, weil er praktischerweise in der Nähe ist und Jacques und ich eine Abmachung haben: Wir reden nur ganz kurz über Belangloses (seine Partynächte auf Ibiza, sein wechselhaftes Liebesleben, die Fußballergebnisse), dann senke ich den Kopf und lese ein Magazin. Und genieße die Ruhe. Den ungestörten Moment. Dass Jacques Jacques heißt und schwul ist und ein Friseur und das doch eigentlich ein großartiges Klischee, ist auch ein Grund, weshalb ich zu ihm gehe, wenn ich ehrlich bin.

Während Jacques sich an meinen Haaren zu schaffen machte, betrachtete ich mich im Spiegel. Schon wieder. Die

Falten unter den Augen – geschenkt. Das sind Lachfalten! Ich lache halt gerne. Gut, womöglich hatte die ein oder andere Flasche Rotwein die Falten etwas tiefer gefurcht, oder eher: hineingefräst, aber na ja. Und ich habe ein paar Hautunreinheiten. Bin etwas blass. Könnte frischer aussehen. Okay, okay. Und ich habe Haare in der Nase. Die habe ich immer schon gekürzt – jetzt allerdings war es ein ganzer Dschungel geworden. Und ich habe Haare auf den Ohren! Warum da? Was ergibt das für einen Sinn??? AUF den Ohren? Allein evolutionär? Das ist doch Quatsch!

Ich sah Jacques im Spiegel an und spielte auf meine Geheimratsecken an, die sich ganz klein und leicht abzeichneten. Ich machte zwei, drei Scherze in Richtung: «Wenn die Haare auf meinen Ohren doch einfach *dort* wachsen würden …» Leider verstand Jacques dies nicht als Scherz und fing auf einmal an, von Haartransplantation zu schwafeln. Haartransplantation!!! Ich werde mir wohl einen anderen Friseur suchen müssen. Ich dachte, Jacques und ich wären Freunde!

Plötzlich war alles ganz schlimm. Ich begann zu recherchieren: Weil die Zellen sich langsamer erneuern, verliert die Haut ab dem dreißigsten Lebensjahr an Elastizität und Festigkeit. Rauchen und UV-Strahlungen beschleunigen den Vorgang, und irgendwann entstehen diese seltsamen Altersflecken, von denen ich auch zwei auf meinen Händen entdeckte. Als ich Sabine darauf ansprach, lachte sie und sagte, das wären Muttermale, die hätte ich schon immer gehabt. Wer's glaubt, wird selig!

Aber der individuelle Gencocktail bestimmt, wie stark die Regenerationsfähigkeit unserer Zellen ausgeprägt ist. Also, ob wir schon mit dreißig eine Stirnglatze bekommen oder mit sechzig. Oder gar nicht. Oder – ein eher weibliches Ding – ob wir die sogenannte Orangenhaut schon mit Anfang zwanzig bekommen oder später irgendwann. Das hat halt mit dem Bindegewebe zu tun, das bei jedem anders ist. Aber bei uns allen verliert die Haut über die Jahre an Elastizität und Stabilität, das ist nun mal Fakt. Denn dessen Bausteine Kollagen und Elastin werden immer weniger.

Dafür lagert sich das Bindegewebe (zusammen mit Fettgewebe) über die Jahre immer mehr im Herzmuskel ein. Das Herz nimmt konsequenterweise dadurch zwar an Gewicht zu, die Muskelmasse nimmt jedoch ab. (Na danke.) Gleichzeitig wird seine Leistungsfähigkeit geringer. (Doppelt danke.)

Auch die Knochendichte nimmt ab, je älter wir werden. Die Knochen werden spröder, brüchiger und weniger belastbar. Das Knorpelgewebe verliert an Substanz und Elastizität und wird immer stärker abgenutzt. Daher kommt es zu Verkalkungen und Verknöcherungen, was ich heute Morgen gemerkt habe, als ich vom Sofa aufgestanden bin. Oder liegt es daran, dass meine Sehnen und Bänder an Elastizität verloren haben? Ebenfalls sehr wahrscheinlich.

Ab dreißig werden die Muskeln schwächer, da die Anzahl der Muskelfasern und die Muskelmasse selbst abnehmen. Stattdessen lagert sich mehr Binde- und Fettgewebe in den Muskeln ein. Eigentlich sind die Muskeln in meinem Alter so was wie ein aufgepumpter Bodybuilder, der zwar nach außen hin stark wirkt, aber jedem schlanken professionellen Sportkletterer unterliegen würde. Denn Letztere benutzen ihre Muskeln auch tatsächlich. Daher bestehen die nicht nur aus Protein und Luft.

Meine Muskeln … bestehen aus gar nichts. Also, außer Pudding. Wie gesagt: Der Energiestoffwechsel funktioniert ab dreißig nicht mehr so wirkungsvoll. Und das ist auch der Grund, warum die meisten von uns im Alter runder werden.

Denn mit steigendem Alter verändern sich sämtliche inneren Organe, die am Verdauungsprozess beteiligt sind, und dadurch der Stoffwechsel und die Körperzusammensetzung. Bisher war unser Körper jahrzehntelang auf Wachstum programmiert, aber spätestens ab vierzig Jahren stellt sich der Organismus um. Plötzlich erklärt er: So, das reicht. Mehr ist nicht. Ab jetzt geht es nur noch um den Erhalt dessen, was da ist. Je nach genetischer Veranlagung drosselt sich der Stoffwechsel um bis zu 15 Prozent. Der Energieverbrauch sinkt, und die Körperzusammensetzung verändert sich. Ab dem dreißigsten Lebensjahr (wenn ich diese verd%&$//§§te Zahl noch einmal höre!) verlieren wir pro Jahr etwa ein Prozent Muskelmasse! Dafür steigt der Fettanteil. Perfide ist, dass man das zunächst häufig nicht merkt. Das Gewicht bleibt erst mal konstant, aber der Energieverbrauch sinkt – denn Fettzellen verbrennen weniger Kalorien als Muskelzellen.

Die Erkenntnis, dass sich mein Körper, den ich jahrelang einfach nicht beachtet habe und der mir erst jetzt wieder so richtig bewusst geworden ist, im freien Fall befindet, traf mich hart. Alles geht zu Ende! Ich werde nie wieder zu körperlichen Höchstleistungen fähig sein, der Peak ist ein für alle Mal überschritten! Ich werde nie Ballett tanzen können. (Gut – das habe ich bisher auch nie gewollt. Aber es geht um das Prinzip!) Ich bin geschockt.

Vielleicht liegt das auch an den Hormonen? Denn auch die stellen sich um. Ab etwa vierzig Jahren sinkt der weibliche Östrogenspiegel – das begünstigt übrigens die Fetteinlagerung am Bauch. Männer produzieren ab Anfang vierzig weniger Testosteron, was zu einer Abnahme der Muskulatur führt. Der Bauch hingegen wächst. Denn mit zunehmendem Alter sinkt der Somatropin-Spiegel, das ist ein Wachstumshormon, das lipolytisch, also fettabbauend wirkt. Das gilt für beide Geschlechter. Die klassischen Wechseljahre allerdings bekommen nur Frauen. Bei den Männern gibt es etwas Ähnliches, Andropause genannt, aber das ist Pillepalle, im Vergleich. Wir kriegen nicht Hitzewallungen, Erschöpfungszustände, Herzrasen, Schweißausbrüche, Haarausfall, Scheidentrockenheit, Harnwegsinfektionen, Blasenschwäche, Schlafstörungen, Depressionen, Stimmungsschwankungen oder sind andauernd nervös. Wir müssen uns nicht damit abfinden, dass wir uns nicht mehr fortpflanzen können. Denn das ist dann endgültig vorbei. Schluss. Aus.

Apropos Endgültigkeiten: Wir müssen noch mal über Haare reden. Und zwar über graue. Ich bekomme allmählich immer mehr davon an den Schläfen, auch in meinem Fünftagebart tummeln sich immer mehr. (Ich habe leider nicht so einen starken Bartwuchs, sprich: Ich brauche fünf

Tage, um das hinzukriegen, was andere bartwuchsmäßig in zwei Tagen schaffen. Oder irgendwelche südländischen Testosteron-Könige innerhalb von wenigen Stunden. Aber dafür kriegen die auch Haare auf Brust und Rücken und wirken insgesamt wie archaische Urviecher. Warum Sabine darauf steht, wird mir immer ein Rätsel bleiben. Warum sie abstreitet, dass sie das sexy findet, auch. Dabei ist es doch offensichtlich.) Ich jedenfalls mag meine grauen Haare und bin jedes Mal ein bisschen enttäuscht, wenn ich von Jacques komme, der die Schläfen gekürzt und mir damit auch die grauen Haare weggeschnitten hat. Aber jetzt muss ich mir ja eh einen neuen Friseur suchen.

Ich finde, die grauen Haare geben mir etwas Männliches, Souveränes. Ja, ich sehe ein bisschen wie George Clooney aus. Als ich das Letztens zufällig beim Abendessen fallen ließ – ich war in die Enge getrieben worden, es ging um meinen Freund Marc, und Sabine meinte, er würde sich die Haare färben, und ich widersprach, und ein Wort gab das andere, und am Ende sagte ich das mit Clooney und mir, und dann herrschte einen Moment Stille am Tisch. Bis Sabine in lautes Lachen ausbrach. Ben sagte mitleidig «Chill mal, Digger», und Leonie blickte verständnislos hin und her, weil sie George Clooney nicht kennt, dann aber setzte sie an, um mich stolz zu verteidigen: «Es ist doch schön, wenn Papa aussieht wie jemand anderes. Das ist doch viel besser.» Na danke.

Besonders das laute, unkontrollierte Losprusten von Sabine hat mich geärgert. Aber wissen Sie was? Das ist der pure Neid. Denn graue Haare bei Frauen sind schwierig. Sagt man zumindest. Und wenn ich mich in unserem Freundeskreis umsehe, dann stimmt das auch. Sobald das Thema aufkommt, ziehen sich die Frauen in verschwörerische Geheimkreise zurück und tuscheln über Strähnchen, Ansatz färben, tönen und so weiter. Bei Frauen scheinen die grauen Haare erstes, deutlichstes und sichtbarstes Zeichen des Älterwerdens zu sein. Die körperlichen Veränderungen kann man unter weiten Pullis und Hosen verstecken, den Kopf nun mal nicht. Deswegen werden die grauen Haare mit einem Hass und einer Vehemenz bekämpft, die selbst gestandene Kriegsherren der Geschichte sofort eingeschüchtert hätte. Dabei ist der Kampf vergeblich.

Bei den Haaren sorgt das Farbpigment Melatonin, das durch Blutgefäße und Talgdrüsen an der Haarwurzel produziert wird, für die Farbgebung. Im Alter lässt die Produktion von Melatonin nach, weil die zuständige Aminosäure Tyrosin weniger verfügbar ist. Die Haare werden erst grau, dann weiß. Wann wir ergrauen, ist erblich bedingt. Faktoren wie Stress, ungesunde Ernährung, Krankheiten, starker Alkoholgenuss und Nikotin, Kupfermangel oder auch ein Schock können dazu führen, dass die Haare frühzeitig ergrauen. Ich habe allerdings gelesen, dass man dies aufhalten kann, indem man den Körper mit viel Antioxidanzien versorgt. Die finden sich zum Beispiel in Heidelbeeren, Rotwein und Schokolade. Inwieweit das mit der ungesunden Ernährung korreliert (lassen wir die Heidelbeeren mal beiseite), weiß ich allerdings nicht.

Irgendwo habe ich außerdem gelesen, dass mit dem Alter bestimmte Dinge auch besser werden. Das räumliche

Vorstellungsvermögen zum Beispiel. Wofür auch immer man das braucht. Oder die Fähigkeit, Zusammenhänge zu erkennen. Oder Gesetzmäßigkeiten. Aber das war es auch schon. Wahrscheinlich hat den besagten Artikel ein Dreißigjähriger geschrieben, der irgendwas suchte, um seine Leser zu trösten. Hat nicht wirklich funktioniert.

Ich habe nachgedacht. Die Medizin beschreibt das Altern als einen unumkehrbaren Prozess, der mit dem Nachlassen von Organfunktionen zu tun hat. Anders gesagt: Altern ist ein Verlust von Möglichkeiten. Alles wird immer weniger. Das Einzige, was man tun kann: Sich dem Zerfall entgegenstemmen. Ihn aufschieben, so gut wie möglich.

Und genau das werde ich tun! Ich werde mich nicht bevormunden lassen! Ich werde das nicht hinnehmen! Jetzt, wo ich ihn gerade wiedergefunden habe, will man mir meinen Körper nehmen? Das lasse ich nicht zu. Ich werde kämpfen! Morgen gehe ich zum Sport!

Und nein, nicht zum Ballett.

PS: Während ich recherchierte, saß ich anscheinend in einer extrem problematischen Haltung vor dem Computer. Ich hoffe, der Sport morgen hilft bei meinen Rückenschmerzen.

PPS: Die problematische Haltung ist ehrlicherweise dem Umstand geschuldet, dass ich nicht mehr so gut sehe und deswegen einen genau definierten Abstand zum Bildschirm einhalten muss. Andernfalls verschwimmt alles. Ich habe Altersweitsichtigkeit! Ich habe gelesen (indem ich die *Apo-*

thekenrundschau weit, weit von mir weggehalten habe), dass die sogenannte Presbyopie JEDEN betrifft. Ich bin also nicht die Ausnahme oder genetisch benachteiligt. Das könnte mich trösten, tut es aber nicht. Denn Teil zwei dessen, was ich gelesen habe: Altersweitsichtigkeit lässt sich auch mit Sport und gesunder Ernährung nicht verhindern oder gar verbessern. Es ist alles für die Katz!

PPPS: Ich werde keine Gleitsichtbrille tragen! No, Sir! Ich werde mir meinen Stolz bewahren …

PPPPS: Ben kam gerade vorbei und wollte sich mein Handy ausleihen. Als er gesehen hat, dass ich die Schriftgröße beim iPhone vergrößert habe, damit ich bequemer lesen kann, hat er einen Lachanfall bekommen …
Ich habe mich noch nie so alt gefühlt.

DRITTES KAPITEL, *in dem ich Sport mache*

Als ich ein Kind war, gab es *Trimm dich*. Eine Kampagne, gestartet von der Bundesregierung, um die Deutschen vor der Überfettung zu retten. Nach den Wirtschaftswunderjahren mit ihren mayonnaisegetränkten Salaten und rahmsoßengetränkten Sonntagsbraten (und ohne den Einfluss der mediterranen Küche, die entdeckte man erst kurz darauf) musste dringend abgespeckt werden. Nicht, dass ich davon etwas mitgekriegt hätte. Ich war rank und schlank und ziemlich drahtig. (Ich würde mal behaupten, dass ich mindestens ein Eightpack hatte.) Kurz: Ich war ein Kind. Sport bestand daraus, dass man mit einem Ball, und sei er auch noch so klein, nachmittags irgendwo draußen rumkickte und dabei Garagentore, Nachbarnerven und die ein oder andere Kniehaut kaputt machte. Mädchen gingen reiten. Falls sie nicht Hüpfseil spielten.

Dann kamen die Skateboards. Ein Trend, dessen Klamottenmode ich mochte, dessen körperliche Beherrschung mir aber völlig versagt blieb. Ich sah jahrelang aus wie ein Skater – ohne dass ich auf einem Rollbrett stehen konnte.

In den Achtzigern kam Aerobic – und das Einzige, was mir davon in Erinnerung geblieben ist, sind irgendwelche ziemlich erotischen Videos. Aber es war nun mal der Anfang meiner Pubertät, da war ALLES erotisch. Sport habe ich keinen gemacht. Natürlich nicht. Ich hatte keine Zeit, ich musste Testosteron produzieren, mich peinlich danebenbenehmen und ständig rot anlaufen, aus vorausahnender Peinlichkeit sozusagen. Die anderen spielten Tennis.

In den Neunzigern gab es Extremsportarten wie Bungee-Springen oder Snowboardfahren – das ist für Leute wie mich, die nicht auf einem Brett mit Rollen unten dran stehen können, eine Extremsportart –, und man fuhr auf Inlineskates.

In den zweitausender Jahren kamen Yoga, Zumba und Bauch-Beine-Po-Übungen auf – zumindest alles mal Sachen, für die man keine Hilfsmittel brauchte. Na gut, fürs Kieser Training schon. Oder eben auch fürs Parcouring (wenn man Treppen, Denkmäler, Mülltonnen, ganze Stockwerke mal wegnimmt, ist Parcours eigentlich so was wie Spazierengehen).

In den zweitausendzehner Jahren gab es Cross Fit und Stand Up Paddling, dann folgten Ballett Beautiful, Aerial Yoga oder Les Mills Barre und lauter andere Dinge, von denen ich keine Ahnung habe.

Nach Jahren sportlicher Abstinenz stand ich vor ein paar Wochen also in dem Fitnessstudio, in dem ich gerade Mitglied geworden war, schaute auf den Kursplan – und hatte keine Ahnung, was sie mir da anboten. Okay, Samba Fit Dance ist wahrscheinlich eine andere Form von Zumba, Yin Yoga ist … keine Ahnung, irgendeine Form von Yoga, aber was, verdammt war Deep Work? Bodyweight Movement?

Body Combat? Und, noch mal für Anfänger wie mich: Was ist Pilates? Und was der Unterschied zum Yoga?

Ich kam mir vor, als hätte ich jahrelang in einem Dornröschenschlaf gelegen und nichts mitbekommen. Gar nichts. Klar sind mir Wörter wie «Zumba», «Tinder», «Digital Detox», «Achtsamkeit» usw. immer mal wieder untergekommen, aber so richtig damit beschäftigt habe ich mich nicht. Ich war damit beschäftigt, Kinder großzuziehen, Karriere zu machen (oder, na ja, zumindest nicht zu verhungern), meine Partnerschaft zu festigen, einen Hauskaufplan aufzustellen und mich irgendwie noch ein bisschen jung zu fühlen und nicht ganz weltfremd dahinzudarben. Deswegen sagen mir diese ganzen Begriffe auch *irgendwas*. Aber nicht wirklich viel. Gefährliches Halbwissen nennt man das wohl. Zumindest möchte ich als Sportneuanfänger nicht plötzlich in einem hammerharten Militärrekrutentraining landen.

Als ich später zu Hause war, nahm Sabine meine Entscheidung, mich im Fitnessstudio anzumelden, mit einem wissenden Nicken hin. «Das ist doch schön. Mach mal», sagte sie, bevor sie sich dann abwandte, die Salatschüssel in der Hand, und mühsam ein Lachen unterdrückte. Ich hab's gesehen! Aber als sie dann die Salatschüssel auf den Esstisch stellte, hatte sie sich wieder unter Kontrolle.

Sabine erklärte mir wenigstens ohne zu lachen, dass es sich bei Pilates um ein systematisches Ganzkörpertraining zur Kräftigung der Muskulatur handelt, es ginge primär um die Beckenboden-, Bauch- und Rückenmuskulatur. Deswegen sind vor allem Frauen in den Kursen. «Aber ich habe doch auch Rückenschmerzen», sagte ich etwas hilflos. «Ja – aber keine Probleme mit dem Beckenboden», sagte Sabine entschieden.

Ich weiß gar nicht, was das ist – der Beckenboden. *Wo* ist das? Das, wo ich draufsitze? Aber das sind doch meine Knochen? Und mein Po? Aber der Beckenboden? Wahrscheinlich ist das eher so ein Frauending. Schlagartig fühlte ich mich wieder wie der weiße alte Mann, der ich bin. Wahrscheinlich bin ich sogar homophob, zumindest latent frauenfeindlich. Verdammt, es tut mir leid! Ich arbeite dran!

Sabine übrigens geht schon seit Jahren in so ein Billig-Sportstudio, einmal die Woche, zusammen mit ihrer Freundin Uli. Eine Zeitlang haben sie Pilates gemacht, seit zwei Jahren geben sie sich: Zumba.

Täterä, Täterä.

Als Sabine jedoch begriff, dass ich mich nicht in *ihrem* Fitnessstudio angemeldet habe, sondern in dem mondänen Wellness-Fitness-Tempel im hipperen Teil der Stadt, hing erst mal der Haussegen schief. Und zwar so richtig. Ja, ich gebe zu: Ich hätte vorher mit ihr darüber reden können. Und ja, es war vielleicht übertrieben. Vermutlich liegt es auch daran, dass Männer, sofern sie sich für ein Hobby entscheiden, immer das Beste und Edelste wollen, so ausrüstungsmäßig. Männer kaufen sich ja auch nicht *irgendein* Kochmesser, falls sie Spaß am Kochen finden, sondern ein japanisches 72-lagiges Damaststahl-Santoku-Messer im Wert eines halben Fernsehers. Übrigens sind Fernseher heutzutage gar nicht mehr so teuer, und das Messer ist absolut rostfrei, es hat eine lebenslange Garantie, und ich

benutze es jeden Tag! Ähnliches gilt jetzt auch fürs Fitnessstudio. Denn Sabine weiß, wie viel ich dafür ausgebe.

OH GOTT! Muss ich jetzt etwa *jeden Tag* ins Fitnessstudio????

Scheiße. Das hatte ich nicht bedacht. Aber im Sinne
meines neuen Körperbewusstseins und meiner ehrgeizigen
Ziele: meinetwegen. Ich freute mich sogar schon drauf!
Wäre doch gelacht. Ha!

Sabine war übrigens nicht sauer darüber, dass ICH mir
etwas Teureres gönne, wohingegen sie sich seit Jahren mit
etwas Einfacherem zufriedengibt. Es war vielmehr eine
Wut oder eher Enttäuschung darüber, dass ich sie nicht
einbezogen hatte und anscheinend etwas alleine machen
wollte.

Womit Sabine nicht ganz unrecht hat.

Oder ziemlich genau den Nagel auf den Punkt trifft. Wie
immer. Seufz. Aber natürlich redete ich mich raus. Indem
ich log.

Vor allem aber erzählte ich Sabine nichts davon, dass
auch Sophie in dem Studio Mitglied ist. Also die Fußballmutter von Bens Kumpel Maxi. Genauer gesagt, hatte Sophie mich überhaupt erst auf die Idee gebracht. Sie hatte
vor einigen Wochen bei einem Spiel unserer Kids mit einer
anderen Mutter über den tollen Trainer in ihrem Yoga-Kurs
geredet. Ich hatte hinter den beiden gestanden und mitge-
hört, während Sophie mich wie üblich ignoriert hatte, als
wäre ich ein Küchenfenster. Aber nach dem Abpfiff hatte
sie mir auf dem Parkplatz dann doch ein kurzes Lächeln
zugeworfen.

Das alles erwähnte ich selbstredend nicht. Erst recht nun, wo die Missstimmung (um einfach noch mal ein Wort mit drei «s» zu schreiben) über dem Familienessssstisch (na gut, erwischt), äh: Familienesstisch hing wie eine dunkle Wolke.

Es ist natürlich nicht so, dass Sabine und ich immer alles zusammen unternehmen würden. Was wäre das für ein Quatsch! Wir sind beide autarke Individuen, die einander den Platz und Raum geben, den der andere braucht. Und wir führen eine gesunde und stabile Beziehung. Nur merke ich plötzlich, dass ich gerade ein bisschen mehr Freiraum brauche. Oder Platz. Oder Zeit für mich.

Sabine spürt das. Sie wirkt verunsichert. Sie spricht das nicht aus, aber ich ahne es, sehe es in ihrem Blick. Der ganze Streit und die Missstimmung endeten schließlich damit, dass auch Sabine Mitglied im selben Studio wurde. Das war nicht mein Plan gewesen.

In meinen neuen Sportklamotten stand ich ein paar Tage später wieder im Fitnessstudio. (Ja, natürlich hatte ich mir neue Klamotten gekauft! Es ging nicht anders. Nein, nicht wegen dem Männer-und-ihre-super-Ausrüstung-Spleen. Quatsch. Ich habe in den alten Sportsachen einfach ausgesehen wie eine Presswurst.)

Ich schaute auf die Liste der angebotenen Kurse. *Body Combat* schien mir zu martialisch. Und *Bodyweight Movement* ist eine Trainingsform, die ausschließlich mit dem eigenen Gewicht arbeitet – und ich bin manchmal so schlapp, dass ich nicht mal aus dem Sofa hochkomme. Selbst wenn man mich hochzieht. Wie soll ich dann mein ganzes Gewicht auf ein paar Fingerspitzen tragen?

Les Mills Barre ist anscheinend eine Art Ballett, wie ich erschrocken feststellen musste, nachdem ich die Tür zum Trainingsraum geöffnet hatte und mich zwanzig ausschließlich weibliche und sehr schlanke, sehr junge, sehr durchtrainierte Augenpaare (kann man Augen trainieren? Womöglich schon. *Diese* Frauen hier konnten das definitiv, so gertenschlank, so definiert und asketisch wie sie waren) erschrocken anstarrten.

Also ging ich zum Yoga!

Und zugegeben auch deswegen, weil ich mich an die Aerobic-Videos aus den achtziger Jahren erinnerte, an ihre leicht erotische Wirkung auf mich. Also, an Frauen in diesen engen Gymnastikhosen.

All meine Erwartungen wurden irgendwie unterlaufen. Die Yoga-Lehrerin war keine junge sexy Frau, sondern ein Mann. Ein älterer, gemütlicher Typ, der sogar einen kölschen Dialekt hatte und bisweilen ein paar entspannte Schmunzlerwitze machte. Ich war befremdet. So hatte ich mir das nicht vorgestellt. Wo war der esoterische Ernst? Vor allem: die Sexyness?

Nun, Sexyness gab es bei einem Teil der weiblichen Teilnehmer auf jeden Fall. Aber definitiv nicht bei *mir*. Ehrlicherweise hatte ich allerdings gar keine Zeit, auf die Frauen im Kurs zu achten. Ich war massiv damit beschäftigt, mitzubekommen, was ich machen sollte. Welcher Arm wohin, in welche Richtung, warum sollte ich jetzt einatmen? Wozu den Fuß jetzt eindrehen? Welche Muskeln soll ich anspannen? Da *habe* ich gar keine Muskeln! Aua, warum tut das weh? Wie soll ich die Balance behalten? Und jetzt auch noch den großen Zeh mit Daumen und Zeigefinger greifen und das Bein ausstrecken … warum, verdammt??? WIE SOLL DAS GEHEN?

Meine erste Yoga-Stunde war eine Achterbahnfahrt zwischen Wut, Hass, Versagensangst, Erschöpfungszuständen, tiefer Peinlichkeit, absolutem Befremden, Angst – und tiefer Zufriedenheit. Jawohl, absoluter Begeisterung.

Das lag an zweierlei. Zum einen an einem geschickten Schachzug von «Onkel» Bernd, wie ich den Yoga-Lehrer seither nenne. (Das «Onkel» hatte ich anfangs spöttisch, doch dann zärtlich davorgesetzt.) Denn Onkel Bernd ließ uns eine durchaus anspruchsvolle, ziemlich komplexe Übung durchführen, die sogenannte Krähe. Dabei kniet man sich hin, setzt die Hände vor sich, stellt sich auf die Zehenspitzen und legt seine Knie von hinten auf den Oberarmmuskel (was entsetzlich weh tut!), dann verlagert man vorsichtig sein Gewicht nach vorne, hebt die Füße ab – und schließlich balanciert man hockend auf seinen Händen! Eine Übung, die sowohl Kraft als auch Gleichgewicht, als auch eine gewisse Beweglichkeit fordert. Und die ich beherrschte! Ansatzlos! Ich schaffte es sogar, mehrere Sekunden lang die Balance zu halten, ohne nach vorne zu kippen und mir die Nase zu brechen, ohne abzurutschen und peinlich auf den Boden zu knallen. Als ich mich anschließend schnaufend aufrichtete, schaute Onkel Bernd, der wusste, dass es meine allererste Yoga-Stunde war, mich an und meinte: «Da hat ja wohl jemand sein Ding gefunden.» Er meinte mich!

Und Yoga! Und dieses freundliche Lob vor allen anderen Teilnehmern berührte mich so tief drinnen wie kaum ein anderes zuvor.

Ich glaube, ich bin seit Jahren, quatsch: Jahrzehnten, nicht mehr wirklich gelobt worden. Wofür auch? Und: Hatte mich überhaupt jemand richtig wahrgenommen in den letzten Jahren? Ich fürchte nein.

Aber in diesem Moment fühlte ich mich erkannt, angenommen, bestätigt. Es ging runter wie Butter. Es war natürlich eine völlig übertriebene, beinahe kindische Reaktion von mir. Aber die hatte womöglich mit dem anderen Yoga-Effekt zu tun, den ich nach der Stunde bemerkte. Denn mein ganzer Körper hatte sich gedehnt, angestrengt, bewegt – und zwar in Bereiche hinein, die ich vorher noch nie bewegt hatte. Ich spürte grenzenlose Erschöpfung, aber gleichzeitig eine Zufriedenheit, eine seltsame Glückseligkeit, ein Gefühl, das ich in dieser Form nie zuvor gehabt hatte. Und das völlig nüchtern, nur durch eine Stunde *Yoga*? Von da an war ich verliebt. In Yoga.

Und ja, auch ein bisschen in Onkel Bernd.

Nach meinem durchschlagenden Erfolg beim Yoga habe ich mich sofort enthusiastisch für eine Probestunde *Deep Work* angemeldet. Das sollten Kardio- und Yoga-Elemente im Wechsel sein, ein «herausforderndes Programm für den Core und den Body» im Takt zu rhythmischer Musik.

Es wurde ein peinlicher Mario-Barth-Moment. Ich war ein alter weißer Mann, der eine Idiotenfrage nach der nächsten stellte, wenn ich nicht gerade nach Luft schnappte. Also eigentlich war ich die ganze Zeit still. Denn *nichts* ist jemals so anstrengend gewesen! Und ja, ich habe der Kursleiterin auf den perfekten Körper gestarrt. Anfangs sehr, sehr angetan. Nach wenigen Sekunden aber nur noch aus purer Verzweiflung. Denn wie verdammt sollte ich diese Bewegung nachvollziehen? Und dann die nächste? Und wie ging das? Moment, nicht so schnell, ich bin doch noch ... hallo? Und jetzt so rum, aha ... was? Aber ich kann das Bein nicht heben, ich stehe doch nur noch auf diesem ... ach so. Es war beschämend.

Ich bewegte mich ungefähr so elegant wie ein Öltanker, ein tumber Wurschtler, der ständig aus dem Takt geriet und rotgesichtig hinterherhechelte – und all das, weil ich eine extreme Rechts-links-Schwäche habe. Nicht, dass ich das nicht vorher gewusst hätte.

Es war mir einfach nicht möglich, die Bewegungen der Trainerin vorne zu spiegeln. Ständig nahm ich den falschen Arm, das falsche Bein, die Musik war mir zu schnell, ich viel zu langsam, deswegen wurde ich hektisch ... kurz: Es war unfassbar peinlich. Ein Desaster. Ich war dieser verschwitzte, dickliche, alte Mann, der sich krampfhaft bemühte, mit den jungen Menschen mitzuhalten, und dabei von allen nur bemitleidet wurde. Ich wäre am liebsten im Boden versunken. Nie wieder *Deep Work*. Denn es hatte mir nur eins gezeigt: wie alt ich wirklich war.

Fuck.

Seitdem weiß ich, dass das Fitnessstudio gefährlich ist. Einerseits steckt es voller Verheißungen und Versprechungen, andererseits voller Abgründe und Fallstricke. Es kann einem sein eigenes Scheitern vor Augen führen und einem die unvermeidliche Realität zeigen – wie alt man wirklich ist. Was noch geht. Und was nicht mehr.

Rainer, ein guter Freund von mir, macht Triathlon. Als ich ihm von meinen Erlebnissen beim Yoga erzähle, lächelt er mild. Na ja: eher spöttisch als mild. Yoga ist für ihn kein Sport. Aber gut, Rainer ist auch total verbissen, er denkt an nichts anderes mehr als den Triathlon und steigert sich da total rein. Rainer trainiert fünfmal die Woche.

Ich bin mittlerweile dahintergekommen, warum Rainer gerade am Wochenende die richtig langen Läufe und die richtig lange Radstrecke macht, warum er sich so oft so lange quält: weil er dann nicht zu Hause sein muss. Seine Ehe mit Nelli ist völlig im Arsch. Aber keiner der beiden will das aussprechen, keiner sich das eingestehen.

Also: Rainer mag seine Frau nicht. Daher will er so oft wie möglich so wenig Zeit wie möglich mit ihr verbringen. Den Teil daran kann ich verstehen. Aber Rainer *hasst* Sport. Warum macht er dann nicht was weniger Anstrengendes? Modelleisenbahn wäre doch auch schön? Oder Töpfern? Das ist natürlich eine extrem dumme Frage.

Denn wahrscheinlich befindet sich Rainer in einer ähnlichen Situation wie ich. Vermutlich wird ihm sein Körper plötzlich auch wieder bewusst, entdeckt er sich auch neu und hinterfragt plötzlich alles. Und wenn man – wie in Rainers Fall – auch seine Partnerschaft hinterfragt, dann kann ich verstehen, dass er für den «Markt» da draußen gerne so attraktiv wie möglich sein will. Und das geht eben nicht beim Modelleisenbahnspielen. Und «Hallo, ich habe dir einen Aschenbecher getöpfert» ist vielleicht auch nicht das beste Entrée. Auch weil heutzutage niemand mehr raucht.

Ich muss es noch mal sagen: Yoga ist der beste Sport der Welt. Es ist großartig, es macht mich glücklich, und ich gehe ab jetzt so oft hin wie möglich. Es gibt irgendwie auch einen inneren, esoterischen Aspekt beim Yoga, aber den ignoriere ich. Man muss ja nicht übertreiben.

PS: Sabine und ich waren gestern gemeinsam im Fitnessstudio. Und es war eigentlich ganz schön, dass wir gemeinsam hinfuhren und uns nach dem Sport im Wellnessbereich trafen und gemeinsam in die Sauna gingen. Und uns die anderen nackten Körper ansahen. Zumindest ich tat das.

PPS: Interessante Erkenntnis, 1: So schlecht schneiden Sabine und ich gar nicht ab, im Vergleich.

Interessante Erkenntnis, 2: Nackte Körper verlieren ihren erotischen Appeal, sobald sie mit vielen anderen nackten Körpern in einer nichtsexuellen Umgebung kombiniert werden.

Und interessante Erkenntnis, 3: Ohne meine Brille kann ich in der Sauna eh nichts erkennen.

VIERTES KAPITEL, *in dem ich meine Beziehung reflektiere*

Das Fitnessstudio hat mich dazu gebracht, über Sabine und mich nachzudenken. Über uns als Paar. Ja, es ist schön, dass wir mal wieder etwas zusammen machen! Aber es wäre mindestens ebenso schön, wenn wir mal etwas *nicht* zusammen machen würden.

Denn seit ungefähr siebzehn Jahren machen wir fast *alles* gemeinsam. Nein, wir sind kein Paar, das ohne den anderen nicht existieren kann. Das nicht. Wir laufen nicht im Gleichschritt, denken durchaus unterschiedliche Sachen und tragen auch nicht die gleichen Klamotten, so wie Götz und Claudi zum Beispiel. Die beiden tun alles dafür, einander so ähnlich wie möglich zu werden. Sie versuchen, sich in ein einziges Wesen zu transformieren, miteinander zu verschmelzen. Und das meine ich noch nicht mal sexuell. (Oh Gott, das meine ich definitiv nicht sexuell! Allein die Vorstellung, dass die beiden Sex miteinander haben, ist fürchterlich. Genau wie meine plötzliche Erkenntnis, dass fast die meisten Paare, die man beim gemeinsamen Abendessen, im Familienurlaub oder vor sich in der Kassenschlange des Supermarktes trifft, Sex miteinander haben. Das will man doch alles nicht wissen! Das will man sich doch nicht vorstellen! Und tatsächlich – manchmal *kann* man sich das auch gar nicht vorstellen.) Und ich kann mir auch nicht vorstellen, alles mit Sabine zusammen zu machen. So wie eben Claudi und Götz.

Claudi steht immer kurz vor der Hysterie. Sie ist permanent angestrengt. Immer nervös. Und Götz ist ein Stiesel. Ein Unsympath. Mal echt. Keine Ahnung, warum ich mit dem so oft rumhänge.

Weil Sabine so eng mit Claudi befreundet ist, deshalb wohl. Und zwar seit Kindertagen. Deswegen muss ich immer wieder mit diesem Idioten Götz und seinen schalen Witzen abhängen. Und die Witze werden durchs *Abhängen* nicht besser.

Hahaha.

Auch so ein schaler Witz. Ich bin nicht besser als Götz.

Aber seine Freunde kann man sich nun mal nicht aussuchen. Wobei: Doch! Genau das kann man! Aber ich habe auch gelernt, Sabine Sabines Sachen zu lassen, wie auch sie mir meine Sachen überlässt. Zum Beispiel findet sie Marc ziemlich albern, glaube ich. Aber sie sagt da nichts mehr zu. Außer, dass sie bisweilen spöttisch die Augenbrauen hochzieht. Geschenkt.

Letztens habe ich Claudi und Götz in den gleichen Cargohosen gesehen. Sie standen Claudi besser als Götz, er sah mehr so presswurstmäßig darin aus. Dazu trugen beide das gleiche T-Shirt. Der einzige Unterschied: Claudi trug eine Schirmmütze, Götz einen runden Freizeithut. Damit er sich nicht den dicken Nacken verbrennt. Das Schlimmste: Alles war in Rentner-Beige. Jetzt schon, obwohl sie noch gar

nicht so alt sind. Also, zumindest biologisch. Rein inhaltlich ist Götz immer schon ein Rentner gewesen. Sabine und
ich sind uns einig: Wenn wir jemals so werden wie Götz
und Claudi, erschießen wir uns gegenseitig.

Generell sind Sabine und ich in vielen Dingen einer Meinung. Und um die anderen machen wir meistens einen
Bogen. Also, ich zumindest. Sabine ist da, hm …, konflikt-
freudiger. Im Gegensatz zu mir kann sie ganz klar ihre
Bedürfnisse, Wünsche oder Zielvorstellungen formulieren.
Oder eben auch Kritik. Oder No-Gos. Anders formuliert:
was ich scheiße mache.

Das kann Sabine recht schnörkellos ausdrücken. Ich bin
da zurückhaltender. Gebe ihr den größeren Freiraum. Mehr
Spielmöglichkeiten. Mehr Freiheit. Ich sehe vieles nicht so
eng. Ich bin definitiv großzügiger.

Na gut, man kann es auch anders sagen – und ich bin ja
in letzter Zeit immer mehr dafür, Dinge ehrlich und direkt
auszusprechen: Ich bin feiger.

Zumindest mache ich Sachen oft erst mal mit mir selbst
aus, bevor ich sie anspreche. Wenn ich sie überhaupt anspreche. Vieles muss ja nicht gesagt werden, es erledigt sich
von selbst. Es gibt garantiert auch ein schlaues, womöglich
chinesisches Sprichwort dazu, irgendwas über lange, stille
Flüsse, deren Wasser ewig spült und die deswegen am Ende
recht behalten. Oder so ähnlich. Jedenfalls: Genauso ist es
bei mir. Vor allem jetzt, wo die Altersweisheit einsetzt.

Hahaha.

Aber ich merke tatsächlich, dass ich mich verändere.
Dass ich plötzlich souveräner werde, eine andere Stand-

haftigkeit habe. Das bedeutet auch, dass ich ruhiger werde. Dass mich nicht mehr alles auf die Palme bringt. Dass ich nicht jedem Zug hinterherhecheln muss. Dass ich nicht sofort auf jede potenzielle Provokation anspringe. Sondern dass ich irgendwie gemütlicher, ruhender, entspannter bin. Gelassener. Es gibt Momente, da fühle ich mich beinahe staatsmännisch.

Gut, das macht nicht viel Sinn beim Einkaufen, wenn sich die alte Oma im Supermarkt vordrängelt und ich sie nachsichtig gewähren lasse – anstatt ihr zu erklären, dass sie eigentlich im Kern genauso ein egoistischer Rüpel wie die beiden siebzehnjährigen Vollprolls hinter mir ist. Nein, gütig und nachsichtig ließ ich die alte Frau gewähren, ließ sie ihr Ego-Ding durchziehen und zwinkerte ihr danach noch wissend zu. Eine Geste, die sie total missverstand, woraufhin sie empört abdampfte.

Aber insgesamt muss ich schon sagen, dass die Beziehung von Sabine und mir gut funktioniert. Wir sind nicht wie Rainer und Nelli, die sich gegenseitig hassen und ineinander verbissen sind wie kämpfende Hunde. Und wir sind auch nicht wie Götz und Claudi, die anscheinend eine solche Verlustangst haben, dass sie einander permanent ihre Liebe versichern müssen. Wir sind autarke Einzelwesen. Allerdings auch nicht so wie mein Freund Marc. Der ist nämlich nur ein Einzelwesen. Er ist seit Ewigkeiten Single, weil er niemanden findet. Oder anders gesagt: Er findet ganz viele. Aber von denen ist nie eine *die Richtige*.

Es gibt wirklich viel Übereinstimmung zwischen Sabine und mir, und das liegt auch daran, dass wir im Laufe

unserer siebzehnjährigen Beziehung so ziemlich alles aus-
diskutiert haben. Gut, Sabine hat immer mehr diskutiert
als ich. Und ich habe dafür mehr geschwiegen und mich
weniger aufgeregt. Es gibt ein paar Kernthemen, über die
wir keine Einigkeit gefunden haben und es wohl auch nie
tun werden, aber wie gesagt: Das spielt keine große Rolle.
Das ist doch auch gesund für eine Beziehung, das hält sie
lebendig.

Das habe ich zumindest irgendwo mal so gelesen.

Momentan habe ich allerdings eher das Gefühl, dass
meine Beziehung nicht so toll ist. Ich frage mich sogar, ob
das überhaupt noch eine Beziehung ist. Denn was macht
eine solche eigentlich aus? Dass man miteinander in Ver-
bindung steht, dass man Dinge teilt, dass man einander zu-
gewandt ist und das auch demonstriert?

Nun ja. Wenn ich so drüber nachdenke, leben wir eigentlich ziemlich nebeneinanderher. Sicher, wir schlafen im
selben Bett ein und wachen dort auch auf, allerdings tun
wir das selten im selben Rhythmus. Ich bleibe abends oft
länger im Wohnzimmer vor der Kiste hängen. Dafür ver-
schlingt Sabine ihre Bücher auch dann noch, wenn ich, halb
ohnmächtig nach einem Sekundenschlaf auf der Couch,
hereingewankt komme. Ich habe ihr schon tausendmal gesagt, dass mich das grelle Licht ihrer Nachttischlampe beim
Einschlafen stört, aber wie immer, wenn bei uns im Haus
etwas verändert oder optimiert werden soll, geschieht das
nach Sabines Vorstellungen. In diesem Fall: gar nicht.

Sabine bekommt nämlich ebenfalls schlechte Augen. Sie
hat ein Problem mit sogenanntem Dämmerlicht. Dann ist

sie blind wie ein Fisch. Deswegen muss ich immer Auto fahren, sobald es später als 17 Uhr oder eine dunkle Wolke am Himmel zu sehen ist. Und deshalb gibt es diese Tausend-Watt-Beleuchtung bei uns im Schlafzimmer.

«Selbst ein Porno-Filmset ist schlechter ausgeleuchtet», habe ich ihr letztens etwas trotzig erklärt, während ich auf meiner Seite niedersank. Sie blickte nicht einmal von ihrem Buch auf, als sie fragte: «Willst du Sex?»

Oh – Moment. Da musste ich mal überlegen. Ursprünglich hatte ich das nicht im Sinn gehabt. Sex ist nicht unbedingt etwas, das oft bei uns im Schlafzimmer passiert. Oder sonst irgendwo im Haus. Genauer gesagt: Es war schon ewig her gewesen. Aber wenn plötzlich dieses Thema auftaucht … dieser Silberstreif am Horizont … Ich zog blitzschnell Bilanz: Ja, ich war müde. Mein Körper fühlte sich so gelenkig und formschön an wie ein Öltanker. Ich hatte mehrfach heimlich in eine Tüte Zwiebelchips gegriffen und bestimmt keinen guten Atem. Und die Zähne hatte ich auch vergessen zu putzen, aber wenn Sabine mich so fragte – natürlich hatte ich Lust auf Sex!

«Na klar. Willst du?»

Nun, man kann sich natürlich fragen, ob das so romantisch ist, klar und offen auszuhandeln, ob es jetzt Sex geben soll. Aber in all den Jahren verliert man nun mal den Drang, aus jeder körperlichen Vereinigung ein Jubelfest mit Konfetti, Feuerwerksraketen, symphonischen Geigenklängen und Engelsgesang zu machen. Irgendwann wird das eher nüchtern und abgeklärt verhandelt – schließlich ist das Spektakuläre, Neue, Ungeheuerliche, Atemnehmende, das

Flimmern, die Elektrizität, die Leidenschaft, jedenfalls all das, was man in Filmen immer sieht, vorbei. Also, zumindest ist das bei Sabine und mir so. Ich nehme an, das gilt auch für andere langjährige Partnerschaften. Ich *hoffe* das. Sonst würde ich mir irgendwie verraten vorkommen.

Sabines Antwort war übrigens: «Nein.»

Ein kühles, knappes, etwas zickiges «Nein». Warum war sie so? Ich hatte keine Ahnung. Aber: Kalte Schulter konnte ich auch. Ich drehte mich wortlos um und schlief innerhalb von Sekunden ein.

Ich kenne die Frau, die da jede Nacht neben mir liegt und eisern und noch ewig ihren bescheuerten Frauenroman liest, wie meine Westentasche. Ich weiß, dass Sabine dabei eine Prise Wehmut verspürt, wegen dieses Frauenschicksals, dass sie oft emotional aufgewühlt ist und dass sie, wenn der Roman wirklich gut ist, Redebedarf hat. Das fängt meist unverfänglich an, mit einer Frage nach dem Wahlrecht der Aborigines-Frauen beispielsweise, aber mittlerweile sind meine Antennen so geschult, dass ich allein bei der Wortkombination «Frau» und «Recht» sofort in den Alarmmodus wechsel und mir jedes meiner Worte genau überlege. Unzählige Küchentischdiskussionen zuvor haben bewiesen, was für ein ungehobelter, grober, (tendenziell) patriarchalischer und (bisweilen sogar) widerwärtiger Klotz ich bin. Je nachdem, ob Rotwein im Spiel war.

Sabine macht sich eben gern die Figuren in den Romanen zu eigen und kann irgendwann nicht mehr zwischen ihnen und sich unterscheiden. So weit, so einfach. So schlimm.

Ich weiß auch, dass Sabine neben ihrer Dämmerlicht-

Sichtschwäche Angst vor dem Keller hat, dass sie ungern als Frau abends alleine mit dem Hund geht, dass sie allerdings liebend gern als Frau alleine in einer italienischen Bar sitzt, dass sie ihre Brüste zu groß findet und erst recht ihre Hüften und ihren Bauch. Ich weiß, dass sie ihre Füße mag und dass sie stolz ist auf ihre Sommersprossen und das Muttermal auf der Wange – nachdem ein betrunkener italienischer Kellner ihr das irgendwann mal rotweintrunken eingesäuselt hat. Ich weiß, dass Sabine sich viel mehr Gedanken macht, als sie eigentlich zugibt, und dass sie viel unsicherer ist, als man vermuten würde. Nach außen wirkt sie immer so mutig, pragmatisch, selbstbewusst. Innen ist es nicht immer so. Und deshalb, wegen all ihrer Widersprüchlichkeit, wegen ihrer Sanftheit und Härte, weil sie so ist, wie sie ist, liebe ich Sabine.

Schließlich ist sie meine Ehefrau. In guten wie in schlechten Tagen. Natürlich.

Und dennoch: Wenn ich darüber nachdenke und ganz ehrlich mit mir bin, mich wirklich, wirklich ernsthaft hinterfrage, tief in mir forsche, dann … weiß ich gar nicht mehr so genau, was ich für Sabine fühle.

Wenn, dann ist es eine ganz andere Art von Liebe als die, die es früher mal war. Ich rede nicht von den überwältigenden, verzehrenden Momenten, den leidenschaftlichen Briefen früher, die wir uns während Sabines Auslandssemesters damals in Italien geschrieben haben, von ihren Glückstränen in den Augen, als ich überraschend in Palermo aufgetaucht war, dem vielen Sex, unserer Sinnlichkeit, von meinen Glückstränen, als ich vor dem Altar «Ja» gesagt habe. Natürlich ist all das vergangen. Völlig klar, dass man solche Gefühle nicht ewig bewahren kann. Das ist einfach die Realität.

Genauso wie die Tatsache, dass auch Frauen schnarchen. Habe ich früher nicht geglaubt, aber in Wahrheit schläft Sabine oft über ihrem Buch ein, sie röchelt dann leise, und ein Speichelfaden rinnt aus ihrem Mund. Nicht wirklich ein schönes Bild, aber ich liebe sie halt, das ist meine Frau. Die Frau, mit der ich mein Leben verbringe.

Nur manchmal frage ich mich: Warum tue ich das eigentlich?

Nein, ich habe nicht die Absicht, mich von Sabine zu trennen! Aber man wird ja wohl mal die eigene Beziehung reflektieren dürfen.

Wenn man so darüber nachdenkt: Ist es nicht ein wahnsinniger Zufall, dass unser Leben in genau den Bahnen verläuft, in denen es verläuft? Weil wir einmal irgendwo auf einem Bahnsteig gestanden haben, zu einer ganz bestimmten Zeit, und irgendwie gut gelaunt und optimistisch waren und deshalb einer jungen Frau die Tür aufgehalten haben und darüber ins Gespräch gekommen sind? Was, wenn es ein anderer Bahnsteig gewesen wäre? Ein anderer Zeitpunkt? Der Zug eine Stunde später? Warum nicht eine andere Frau?

Je länger ich darüber nachdenke, desto sicherer bin ich, dass es Frauen auf der Welt gibt, die ebenfalls gut zu mir gepasst hätten, die ich ebenso begehrt, geliebt, geheiratet und als Partnerin an meiner Seite hätte haben können. Ich rede nicht von allen ca. 3 820 000 000 Frauen auf der Welt, sondern von einem kleinen Ausschnitt, sagen wir – wenn man alle Parameter einberechnet, passendes Alter, Bildung, Ansichten, Vorlieben, Typ usw. – von vielleicht rund 50 Frauen auf der Welt, oder 500 oder 5000, mit denen ich ebenfalls die ganze Palette an Emotionen, Lebensstationen und so weiter hätte erleben können. Jedes Mal ein kleines bisschen anders. Vielleicht hätte ich tatsächlich eine Französin gefunden und meine Kinder mit ihr zweisprachig erzogen. Das zumindest war lange eine romantische Vorstellung von mir gewesen, so mit achtzehn oder zwanzig, ziemlich direkt nach einem Sommerurlaub in Frankreich.

Ich bin ein wenig erschüttert gerade. Nicht weil ich keine Französin geheiratet habe. Sondern … na gut, *auch* weil ich keine Französin geheiratet habe. Ist das ganze Leben nicht einfach reiner Zufall? Ist nicht alles einfach nur willkürlich? Warum sind wir da, wo wir sind? Mir fallen sofort ziemlich viele Hollywood-Filme ein, die genau das thematisieren, *Inception* beispielsweise. Wie viel Selbstbestimmung steckt denn wirklich in unseren Lebensverläufen? Geschieht wirklich alles so zwangsläufig, wie wir immer tun? Dass wir den anderen finden, uns unsterblich verlieben, dass wir das Gefühl haben, es sei vorbestimmt, stehe in den Sternen?

Aber gut. Schluss damit! Solche Gedanken machen einen wahnsinnig! Sie bewirken nur, dass man mitten in der Nacht schlaflos daliegt und dann aufstehen muss und eine halbe Flasche Wein auf der Terrasse trinkt. Und dass man am nächsten Morgen Kopfschmerzen hat und Ärger mit der Ehefrau, weil das der Wein für den Geburtstag von

Soundso gewesen ist und sie Zigarettenkippen gefunden hat – im Rosmarin! Und überhaupt, was das denn soll, ob ich Kummer hätte?

Nein, habe ich nicht, erklärte ich. Lügend.

«Na, dann ist es wohl senile Bettflucht», meinte Sabine und ging.

Danke für deine aufmunternden Worte, liebe Ehefrau. Jedoch: Einerseits hatte sie total ins Schwarze getroffen, andererseits auch gleichzeitig voll daneben.

Ich gehe plötzlich mit anderem Blick durch die Welt. Also nicht, dass ich ständig anderen Frauen hinterherschaue, aber ich muss zugeben, diese eine andere Möglichkeit eines anderen Lebens, einer anderen Beziehung, vielleicht mit mehr Liebe, mehr Zuneigung, mehr *Interesse* für mich, das treibt mich um. Vor allem, weil ich mich von Sabine in letzter Zeit oft ignoriert fühle. Von den Kindern sowieso. Insgesamt behandeln sie mich, als wäre ich nichts als eine Stehlampe. Die steht da in der Ecke rum. Wenn man sie braucht, macht man sie an, danach wieder aus, und ansonsten ignoriert man sie, bis man sie später wieder für irgendwas braucht. Um den Müll rauszutragen, die Kinder zum Sport zu fahren, diesen Brief vom Amt zu lesen oder den Versicherungsvertrag – aber welche Wünsche oder Ziele die Lampe hat oder wie sie sich gerade fühlt, ob sie einsam ist, ob sie vielleicht gestreichelt oder in den Arm genommen werden möchte, all das fragt man die Stehlampe nicht.

Nun gut, das Beispiel hinkt ein bisschen, aber ich denke, der Punkt wird klar.

Für meine Familie bin ich ein reiner Funktionsträger. Ich werde mehr gelitten, als dass ich irgendwie wahrgenommen werde. Meine Bedürfnisse? Stehen hintenan. Interesse für meine Interessen? Pustekuchen. Meine Versuche, beim Abendessen neue Themen anzuschneiden, beispielsweise über die Filme von Christopher Nolan, werden ignoriert oder abgetan. Oder belächelt. Liebevolle Worte? Das ist auch längst vorbei. Es ist zum Heulen. Ich fühle mich sehr allein.

Und dann kam Sophie und baute mich auf. Wir trafen uns beim Yoga. Zum ersten Mal war ich in einen anderen Kurs gegangen, *Hatha II–III* bei einer Sarah-Mae, und das Yoga war so lyrisch und herausfordernd wie der Name der Lehrerin. Sie war eine Göttin, ich habe selten so etwas Anmutiges gesehen. Ihre Gesten waren elegant, ihre Bewegungen irgendwo zwischen Ballett und Haiku, und ihr Körper war ein einziges wunderschönes Gedicht. Allein das raubte mir schon den Atem. Und dann fing das Yoga erst an. Eine Stunde später war ich völlig geschafft. Ich rang nach Luft, war puterrot, und ich schwöre, normalerweise wäre ich bei der Endstellung, beim *Shavasana*, eingeschlafen, wenn ich nicht immer noch völlig verdreht und voller Schmerzen gewesen wäre. Insgesamt war diese Stunde das Härteste, was ich bis dahin jemals in meinem Leben gemacht hatte. Und ich hatte dabei eine Bewegung gemacht, die ich besser unterlassen hätte. Irgendwas am unteren Rücken. Es schmerzte wie Hölle.

Aber als ich mühsam aufstand, war da Sophie, die mir die ganze Stunde nicht aufgefallen war, wohl weil ich nur

Augen für Sarah-Mae gehabt hatte. Sophie nickte mir anerkennend zu. Wir plauschten kurz über das Yoga und, verrückt, dass wir uns hier treffen, was ein Zufall, und wir redeten über die Söhne und den Fußball und darüber, wie lange Sophie schon Yoga macht und dass sie regelmäßig hier ist, und als wir uns vor den Umkleiden trennten, sah sie mir lächelnd hinterher. Ich weiß das, weil ich mich noch mal umgedreht habe.

PS: Sophies Oma ist übrigens Französin.

FÜNFTES KAPITEL, *in dem ich ein Abenteuerwochenende will*

Ich liebe meine Kinder. Das mal vorweg. Ben ist ein großartiger, intelligenter Junge, emotional schlau, oft etwas abwartend, aus der Distanz beobachtend. Er ist analytisch, gut in der Schule und ein Vorzeigekind. Leonie ist im Gegensatz zum etwas verkopften Ben ein phantasievoller Ausbund an Unbeschwertheit, alles wird mit großer Begeisterung, ohne Vorurteile entgegengenommen – außer Tomaten. Wenn man einmal Zweifel am Leben hat, muss man nur ein bisschen Zeit mit Leonie verbringen, sie kämmt einem so den Kopf durch, dass man plötzlich alles wieder in einem freundlicheren Licht sieht. Ihre Schulleistungen sind nicht so glänzend wie die von Ben, aber Leonie hat einfach keine Zeit dafür, sie muss sich mit der Welt beschäftigen, mit dem Leben, da gibt es doch so viel zu entdecken.

Da gebe ich ihr völlig recht.

Die Frage ist nur, warum ich in den letzten Jahren so wenig vom Leben mitbekommen habe. Es ist, als wäre ich jahrelang meterdick mit Sonnencreme Schutzfaktor 1000 vollgekleistert gewesen – und jetzt schaut zum ersten Mal meine Nasenspitze wieder raus. Ich entdecke (wieder), dass es so was wie Sonne gibt. Luft. Leben.

Völliges Erstaunen.

Es ist, als ob ich überhaupt nicht richtig da gewesen wäre in den letzten Jahren. Aber warum? Nun, es liegt bestimmt an ganz vielen Dingen. Vielen, vielen Dingen. Am Beruf. An der Partnerfindung. An der Familiengründung. An dem daraus resultierenden Bestreben, eine sichere Existenz aufzubauen. Sich zurechtzufinden im Leben. Etwas auf die Beine zu stellen. Seinen Träumen und Wünschen etwas näher zu kommen. Ein Fundament zu schaffen für das gesamte Leben später. Und so weiter und so weiter.

Oft wird der Lebensabschnitt zwischen dreißig und vierzig die Rushhour des Lebens genannt. Ich bin kein Fan von diesen Anglizismen, aber wenn ich so zurückblicke, dann war das tatsächlich die größte Hauptverkehrszeit meines Lebens. Es fühlte sich an, wie wenn man fieberhaft versucht, auf dem Heimweg nach der Arbeit noch dringende Erledigungen zu machen, doch die Geschäfte liegen meilenweit voneinander entfernt, und sie haben absolut unterschiedliche Öffnungszeiten, und es geht nur, wenn man sich wahnsinnig anstrengt, gleichzeitig viel Glück hat und eigentlich durchschnittlich Tempo 200 km/h fährt. Nur leider steht man gleichzeitig Stoßstange an Stoßstange im Stau. Deswegen ist man auch aufgekratzt, aufgedreht und innerlich angespannt wie nur sonst etwas. Diese fieberhafte Unruhe kann allerdings auch am permanenten Schlafentzug durch die Kinder liegen.

Kleine Kinder, und das war mir vorher irgendwie gar nicht so klar gewesen – rückblickend bin ich fassungslos, wie unbedarft ich oft gewesen bin; ihre Unbeschwertheit hat Leonie definitiv von mir geerbt –, kleine Kinder brauchen jede Menge Aufmerksamkeit. Und zwar nicht nur jede Menge davon, sondern rund um die Uhr. Selbst in den Momenten, in denen sie schlafen, vor sich hin brabbeln, ein anderes Spielplatzkind verprügeln. Ständig ist man damit beschäftigt, Dinge wieder geradezurücken, die durch die Kinder zu kurz gekommen sind: Haushalt, Ordnung, Beruf, soziale Verpflichtungen, Partnerschaft. Nur was fehlt in der Aufzählung? Ja, das eigene Seelenheil. Man selbst.

Je älter die Kinder werden, desto mehr Selbstbestimmtheit erobert man sich zurück. Dumm nur, wenn man bald darauf ein zweites Kind bekommt. Dann fängt alles von vorne an. Dann gibt es wieder einige Jahre Windeln, sehr kurze Nächte, viel Unordnung, viel Geschrei, viel Trubel, jede Menge Pflaster, jede Menge abgesagter Verabredungen, jede Menge Krankheiten. (Von denen man sich die Hälfte ebenfalls einfängt, sei es aus Solidarität mit seinem Kind, sei es weil der eigene Organismus und das Immunsystem so geschwächt sind aufgrund der Schlaflosigkeit durch das Kind.)

Es gibt Familien und Schichten, in denen wird die Kinderverantwortung klassischer verteilt als bei uns. Dort hat die Frau noch weniger Zeit für sich selbst, reibt sich auf und befindet sich jeden Tag an der Belastungsgrenze. Oder dahinter.

Nein, ich habe die Kinder nicht gestillt, und trotz aller wohlwollenden Versuche haben Sabine und ich bestimmt nur ein 70:30-Verhältnis in der Kinderbetreuung hingekriegt. Und ja, es war hart für Sabine. Aber eben auch für mich. Denn in der Zeit, in der sie sich mehr um die Kinder gekümmert hat, war ich voller Sorge, der Familie nicht gerecht werden zu können. Deswegen habe ich doppelt so hart gearbeitet, habe versucht, Karriere zu machen, habe nachts Präsentationen vorbereitet, während Ben und später Leonie auf meinen Armen schliefen. All das, nachdem ich die Küche gemacht hatte. Und im Wohnzimmer noch aufgeräumt. Denn Sabine war irgendwann zwischendrin ohnmächtig geworden. Verständlicherweise.

Um ein Kind großzuziehen, braucht es ein Dorf, heißt es. Nun, ich hätte gerne dieses Dorf gehabt, dann wäre vieles einfacher gewesen.

Hm, ich höre mich affig an. Wie ein Weichei. Womöglich zu Recht.

Vielleicht bin ich auch einfach total ichbezogen und hedonistisch. Wie anders ist es zu erklären, dass mir die Zeit, in der die Kinder klein waren, rückblickend vorkommt wie ein langes, traumatisches Erlebnis. Aus dem ich mich langsam frei kämpfe. Und zwar in genau demselben Maße und Tempo, wie die Kinder älter werden. Sie erobern sich immer mehr die Welt – und ich mir mein Leben zurück.

Marc ist mein alter Schulfreund und wie erwähnt Single. Frauen gab und gibt es viele in seinem Leben, eine echte, lange Partnerschaft nicht und Kinder erst recht nicht. Zumindest keine, von denen Marc weiß, wie er immer scherzt. Gut, es ist ein schlechter Scherz. Wir sind eben alte weiße Männer, die Zeit läuft an uns vorbei. Vor zehn Jahren wäre der Witz noch in Ordnung gewesen.

Ich weiß, dass Marc es irgendwie bereut, keine Kinder

zu haben. Er hat es letztens sogar ganz offen gesagt. Als er vom Kicken mit Ben im Garten zurückkam und sich mit einem Bier auf unsere Couch fallen ließ. Woraufhin Leonie die Gelegenheit ergriff und ihm eine Tanzaufführung gab. Und noch eine. Und noch eine. Bis ich ihr das iPhone wegnahm. In einem Moment der Ruhe, als die protestierende Leonie verschwunden, Ben zu einem Freund und Sabine zu ihrem Pilates gegangen war, erklärte Marc, dass er Torschlusspanik hätte. Ich musste lachen. Marc ist echt sportlich, immer braun gebrannt, ziemlich modisch gekleidet und verdammt, er hat auch noch so richtig Haare überall. Und außerdem hat er einen guten Job. Jemand wie er wird immer jemanden finden. Marc nickte, als ich ihm das sagte. Klar. Er findet viele Frauen. Aber die eine eben nicht. Die, mit der man Kinder bekommen kann.

«Ist das nicht ein Killerargument für dein Tinder da? Es gibt doch bestimmt viele Frauen, die genau danach suchen: ein Mann, der Kinder will. Oder etwa nicht?»

«Ja», nickte Marc, «aber entweder ich falle mit der Tür ins Haus, und das schreckt sie ab. Oder sie halten es für ein vorgeschobenes Argument. Einen Trick, mit dem ich sie ins Bett quatschen will. Oder sie haben bereits Kinder und mit der Familienplanung abgeschlossen, weil sie die Nase voll haben.»

Das kannte ich. Also alles davon. Marc tat mir leid. Ich sah den feuchten Schimmer in seinen Augen, bevor er dann energisch darüber hinwegwischte und die Flasche Bier zum Prost hob. Ich war froh über meine Kinder. Glücklich, dass ich sie hatte. Stolz. Erleichtert. Zufrieden.

Jedoch gibt es durchaus holprige oder vielmehr harte emotionale Momente. Eine Woche nach Marcs Besuch hatte ich ein Kinderwochenende. Sabine war zu einem Ehemaligentreffen ihrer Schule in die Heimat gefahren. Keiner von uns hatte wirklich Lust, sie zu begleiten, nicht mal Leonie, die es sonst liebt, bei der Oma zu übernachten. Es mag daran gelegen haben, dass ich Leonie ein großes Abenteuer versprochen hatte, das wir, wenn Mama weg wäre, zusammen erleben würden. Mir schwebte ein großes Eventwochenende vor, samt Kinoabend, Spareribs, Hochseilgarten, Wanderung, auf jeden Fall selbstgemachtem Popcorn und, äh, ja, Bundesliga. Vor allem aber wollte ich viel Zeit mit den Kindern verbringen. Nur sie und ich, wir drei gemeinsam. Das war dringend nötig, fand ich.

Denn in letzter Zeit war mir aufgegangen, dass wir zunehmend nur nebeneinanderher leben. Dass wir zu wenig Kontakt haben, zu wenig Zeit, zu wenig Nähe. Gut, das gilt für Sabine und mich auch, aber das ist eine andere Baustelle.

Kurz: Ich hatte große Pläne für dieses gemeinsame Wochenende. Aber als Ben aus der Schule kam, verschwand er wortlos in seinem Zimmer, und Leonie war plötzlich mit einer Freundin verabredet. Und. Es. Geht. Nur. Heute. Papa. Weil wir das Referat vorbereiten müssen.

Ratlos stand ich im Flur, die Kinder und Sabine waren verschwunden – und ich fühlte mich plötzlich wahnsinnig *allein*. Alle meine Lieben waren weg. Keiner interessierte sich für mich. Ich war auf einmal ganz … einsam. Noch mal anders, als ich mich sonst abends am Küchentisch fühle, wenn mich keiner beachtet.

Diesmal fühlte ich mich nicht belächelt, sondern komplett überflüssig. Nicht gewollt. Ignoriert. Es traf mich hart. Und ja, ich schmollte. War sauer. War enttäuscht, dass meine großen, tollen Pläne für das Wochenende sich in nichts auflösten. Ben hatte übrigens vergessen zu erwähnen, dass er ein Fußballturnier hatte, und Leonie übernachtete schließlich bei ihrer Freundin. Sabine schenkte dem Ganzen keine große Beachtung und setzte sogar noch eine gefühllose SMS obendrauf: «Musst du dich halt besser durchsetzen.»

Wofür setzt man eigentlich Kinder in die Welt? Richtig, damit sie einem danken und immer für einen da sind, wenn man sie braucht. Und ich brauchte sie an diesem Wochenende. Bei mir. Und nicht oben mit einem Kumpel vor dem Computer und auch nicht ein paar Straßen weiter im Kinderzimmer von Leonies Freundin Carla. Nachdem ich eine Weile im Haus rumgeräumt und eine Menge Dinge angefangen und nicht zu Ende gebracht hatte, schnappte ich mir eine Flasche Bier und starrte in den Garten. Das beruhigte mich schließlich, versöhnte mich sogar ein wenig mit mir und der Welt. Und als ich später die Übernachtungssachen zu Carla brachte und feststellte, dass deren Mutter Svenja gar nicht so unattraktiv ist, sah die Welt schon wieder ganz anders aus. Nur meine Bierfahne am helllichten Nachmittag war mir peinlich.

Dennoch: In den kommenden Tagen achtete ich darauf, wie oft meine Kinder mich tatsächlich wahrnehmen. Wie oft sie mich umarmen, auf meine Fragen eingehen, sich wirklich mit mir unterhalten. Mich brauchen.

An sich ist es ja schön mit anzusehen, wie die Kinder immer eigenständiger werden. Immer mehr auf eigenen Füßen stehen. Wie sie sich loslösen, Schritt für Schritt von ihren Eltern. Und sich aufmachen, um alleine die Welt zu erobern, *ihre* Welt.

Mir wurde allerdings auf einmal klar, dass Ben und Leonie irgendwann ausziehen würden, ehrlich gesagt: ganz bald ausziehen würden. Es war nur noch eine Frage von wenigen Jahren! Sie werden mich zurücklassen, werden nur noch alle paar Wochen, bald alle paar Monate anrufen. Sie werden mich nicht mehr brauchen. Ich werde bald erst recht nutzlos geworden sein.

Ganz plötzlich spürte ich den Wunsch nach einem neuen, kleinen, winzigen, süßen Wesen, das auf mich angewiesen ist, das mir unbedarft und ohne jede Einschränkung seine Liebe und Zuneigung schenkt. Wäre es nicht wunderschön, noch mal ein Kind in die Welt zu setzen? Ich verspüre eine tiefe, tiefe, beinahe überwältigende Sehnsucht in mir.

PS: Der Gedanke war bewegend und höchst emotional – und er dauerte genau anderthalb Sekunden. Dann fielen mir die durchkackten Windeln, die durchwachten Nächte, die durchgetakteten Tage wieder ein. Und das ganze Chaos, weil die Tage mit Kindern nie so funktionieren wie geplant, sondern ein einziges Provisorium sind. Über Jahre. Was deshalb für endlose Erschöpfung und bleierne Müdigkeit sorgt. Über Jahre! Uff. Was bin ich froh, dass ich das hinter mir habe.

PPS: Andererseits … Ich bin so viel weiser und reifer geworden. Ich würde die ganzen Fehler nicht noch mal machen! Ich stelle mir vor, wie ich meinem kleinen Nachwuchs jetzt die Welt erklären würde, welch tiefere Einsichten ich vermitteln würde. Wie unendlich klug und erhaben und tiefsinnig ich wäre. Wie gütig. Jan-Yoda San. Hach …

PPPS: Man muss aber auch mal das Alter in Betracht ziehen. Ich bin jetzt 45. Wenn das Kind, das ich jetzt zeugen würde, irgendwann Abitur macht, wäre ich alt und greise und stünde bei der Zeugnisübergabe sabbernd und dement an einem Gehstock in der Schulaula. Na gut, ganz so schlimm vielleicht nicht. Aber die Tendenz! Die Tendenz! Oh Gott, ist das alles deprimierend.

SECHSTES KAPITEL, *in dem ich mir ein*
Longboard kaufe

Götz hat sich vor zwei Wochen einen Porsche gekauft. Und zwar einen Porsche Jeep. Ein großes, unförmiges, ziemlich bescheuert aussehendes Ding. Sabine konnte es gar nicht fassen. Götz hat eine Midlifekrise, erklärte sie sofort. Bitte was? Ganz klar, Männer, die in diesem Alter plötzlich teure Sportwagen kaufen, versuchen etwas zu kompensieren. Sie wollen einerseits Jugendlichkeit und Virilität demonstrieren, andererseits zeigen, wie solvent und damit auch was für eine gute Partie sie sind. Sagte Sabine.

Na gut, das will ich auch, aber ich würde mir doch keinen Porsche kaufen!

Außerdem würden auch alle anderen Zeichen darauf hindeuten, meinte Sabine. Zum Beispiel hatte Götz letztens etwas komplett anderes getragen als Claudi. Die war im leichten grünen Sommerkleid gekommen, Götz in Jeans, Pulli und Lederschuhen.

Na, was soll er auch machen? Auch ein Sommerkleid tragen?, warf ich ein, aber vergeblich. Götz hat eine Affäre! Sabine stürzte alarmiert zum Telefon und rief Claudi an, um zu fragen, ob alles in Ordnung sei.

Ich blieb völlig gelassen. Ich kann mir nicht vorstellen,

dass jemand freiwillig mit diesem stiernackigen, plumpen, stieseligen Götz eine Affäre eingehen würde. Und selbst wenn, es wäre mir völlig egal. Vielleicht würde sich dann die Dynamik in unserem Freundeskreis ändern, und das wäre mir durchaus recht. Dann müsste ich nicht mehr endlos lange Pärchenabende mit den beiden verbringen, während deren der Wortstrom zwischen Sabine und Claudi nicht einmal versiegt und ich mühsam irgendein Gesprächsthema mit dem muffigen Götz suche. Von denen haben Götz und ich echt nur wenige gemeinsam. Genauer gesagt: eins. Eigentlich: ein halbes. Aber wie lang kann man über Fußball reden, wenn einer der beiden nur gefährliches Halbwissen hat und nicht einmal weiß, was eine falsche Neun oder eine abkippende Sechs ist?

Richtig, der mit der keinen Ahnung, das bin ich.

Ich bin allerdings auch der ohne Porsche. Und ich bin stolz darauf. Selbst wenn ich das Geld hätte, ich würde mir niemals einen kaufen! Ich verstehe das Konzept vom Schnellfahren einfach nicht. PS sind mir scheißegal, ich weiß noch nicht mal, wo bei unserer Familienkutsche diese Klappe für den Ölwechsel ist. Beziehungsweise: Gibt es da überhaupt eine Klappe? Ich weiß es nicht, ich lasse das immer den Tankwart machen. Allein deswegen schon geht das mit dem Porsche nicht. Der Tankwart würde mich garantiert auslachen, wenn ich ihn bitten müsste, das Wasser für die Scheibenwischer nachzufüllen. Oder Frostschutz oder so. Peinlich.

Andererseits ist so ein Porsche natürlich schon auch irgendwie ein ganz interessantes Ding. Von nahem betrachtet war da schon viel Schönes dran, das Innere sieht viel edler aus als bei unserer Familienkutsche. Allein das Leder auf den Sitzen ist viel weicher. Man will sofort darin versinken und nicht mehr aussteigen.

Götz und Claudi haben uns dann besucht. Zum Abendessen. Sabine hatte sie eingeladen, weil sie nachforschen wollte, wie es bei ihnen steht. So ehemäßig. Götz ist jedem tiefergehenden Gespräch ausgewichen und hat lieber seinen Porsche vorgeführt und dabei ziemlich überheblich die Schultern gezuckt. Klar, so ein Porsche sei schon krass teuer, aber er hätte eben diese Steuerrückzahlung gehabt, und Geld müsse ja bewegt werden, und außerdem sei es ein Traum von Claudi gewesen, immer schon, nur deswegen hätte er den Porsche gekauft. Wer's glaubt, wird selig.

Ich muss zugeben: Ich war etwas eifersüchtig. Aber nur ein kleines winziges bisschen. Eher wegen des Geldes. Ich finde auch, dass Geld unbedingt bewegt werden sollte, aber dafür bräuchte ich erst mal welches, das ich bewegen könnte. Wo bleibt *meine* Steuerrückzahlung? Natürlich würde ich keinen Porsche davon kaufen.

Aber vielleicht ein Rennrad? Marc ist letzte Woche mit seinem vorbeigekommen. Er hat so ein schlankes, hipstermäßiges Traumgefährt mit einem Rahmen aus Bambus! Krass. Ich hab so was noch nie gesehen. Wie leicht das ist. Und wie schön!

Mein Fahrrad dagegen ist ein unförmiges, schwarzes … tja, was eigentlich? Ein Trekkingfahrrad? Citybike? Ich weiß nicht, wo der Unterschied ist, ich weiß nur: Mein Fahrrad ist ein Ausbund an Hässlichkeit. Und Uncoolness.

Es ist schwer wie zwei Pottwale. Und außerdem kaputt. Das Licht funktioniert nicht, die linke Pedale knirscht, und irgendwas schleift hinten. Eigentlich ist eine Generalüberholung fällig. Vor allem jetzt im Frühsommer, wo ich ohnehin immer mit dem Fahrrad unterwegs bin. Ich fahre jeden Tag zur Arbeit und zurück. Ich benutze es also ziemlich häufig. Eigentlich ständig. Bestimmt ist es auch deswegen kaputt, und wenn man es mal genau betrachtet, ist es auch gar nicht richtig verkehrstauglich. Es ist sogar ziemlich unsicher. Eigentlich ist es verantwortungslos, dass ich jeden Tag mein Leben damit aufs Spiel setze.

Sabine schaute irritiert, als ich ihr kurz darauf mein neues Fahrrad vorführte. Ein retro Urban-Bike in Creme-Türkis, mit Sieben-Gang-Narbenschaltung und einem Gepäckträger über dem Vorderrad – insgesamt ein Traum an Design, Fahrgefühl und Sicherheit! Sabine ließ sich allerdings nur schwer begeistern. Vor allem wollte sie wissen, warum ich vorher nichts gesagt hatte, eigentlich würden wir doch alle größeren Anschaffungen miteinander besprechen. Ich berichtete von einem unschlagbaren Angebot, einer sich nur kurzzeitig bietenden Gelegenheit, die ich in einem Akt der Weitsicht und aufgrund meines Verantwortungsgefühls für die Familie genutzt hatte.

Meine Argumente fruchteten leider nicht richtig. Der Haussegen hängt seither ziemlich schief. Ich finde das unfair. Schließlich hat sich Ben letztens auch ein Longboard gekauft, und da hat niemand protestiert.

Übrigens ist es ein phantastisches Ding, dieses Longboard. Eben wie ein Skateboard, nur länger. Deswegen ist es weniger kippelig, und wenn man draufsteht, droht man weniger schnell herunterzufallen. Stattdessen rollt man mit diesen dickeren, größeren Rollen auch viel schneller über die Straße. Es ist elegant. Schnittig. Und sieht ziemlich cool aus. Ich weiß nicht, ob ICH damit cool aussehe, aber ich nehme es an. Denn ich fühlte mich cool. Verdammt lässig. Ich habe Talent! Das muss mit dem Alter gekommen sein.

Früher in meiner Jugend habe ich zwar klamottenmäßig ausgesehen wie ein Skater, aber ich konnte auf diesen verdammten Dingern nicht stehen. Überhaupt nicht. Selbst wenn ich eins bloß angeguckt habe, bin ich schon fast ausgerutscht und hingefallen.

Doch jetzt stehe ich sicher und gleite dahin wie ein junger Gott. Wind pfeift mir durchs Gesicht, durch die Haare und durch meinen immer länger werdenden Dreitagebart. Ja, ich lasse mir einen Bart stehen! Warum auch nicht? Das tun ja mittlerweile fast alle. Gillette und Wilkinson und wie sie alle heißen werden bestimmt bald pleitegehen. Mein Bart steht mir hervorragend, wie ich finde. Sabine ist da verhaltener. Ich würde kratzen, wenn wir uns küssen. Aber darüber sollte sie hinwegsehen können. Denn unsere Kussfrequenz ist jetzt nicht so hoch.

Höher ist die Frequenz, mit der ich auf mein neues Fahrrad steige. Ich spüre neidische Blicke im Rücken, wenn ich über Kreuzungen fahre. Wenn ich an der Ampel stehe. Wenn ich das Fahrrad vor dem Büro abschließe. Alle bewundern das schlanke Design meines Bikes.

Noch beeindruckender sind die Reaktionen nur, wenn

ich Longboard fahre. Viele starren mir nach. Und, ja, es sind viele Frauen darunter. Das geht runter wie Öl. Oder besser: Das ging runter wie Öl – bis ich Uli traf, die Mutter einer Freundin von Leonie.

Uli sah mich mit dem Longboard an ihr vorbeigleiten und vor der Apotheke ein paar Meter weiter galant abstoppen. Als ich das Board cool unter den Arm nahm, um ins Geschäft zu gehen, stand sie plötzlich neben mir, zwinkerte mir zu und sagte leicht spöttisch: «Na, du Berufsjugendlicher?»

Hahaha, Uli. Wie witzig. Für Leute wie dich ist das Wort Berufsjugendlicher erfunden worden. Für Leute, die mit vierzig schon sechzig sind. Die verspießt und langweilig und feige und uncool und absolut so gar nicht lässig sind. Für Leute, die neidisch sind. Und verklemmt. Für die Alter eine Kategorie ist, nach der man sich richten muss. Die keinerlei Kreativität, Mut oder Weitsicht besitzen. Für Kleingeister. Für meinen Onkel Jürgen, der mit dem Tag, als er vierzig wurde, begann, Polohemden zu tragen. Und zwar mit hochgeschlagenem Kragen.

Unverschämtheit.

Als ich Sabine abends von der Begegnung mit Uli erzählte, schmunzelte sie. Und meinte, dass sie wisse, dass ich Uli nicht leiden könne, diese aber gar nicht so doof sei, wie ich immer dächte. Dann ging Sabine in die Küche. Ich blieb sprachlos zurück. Wie verdammt hatte sie das gemeint???

Ich setzte mich trotzig an den Laptop und surfte im Internet. Überall waren Männer in meinem Alter zu sehen, die Bart trugen, dicke Hipsterbrillen, coole T-Shirts, Bermudas – und ja, sie standen auf Skateboards! Auf vielen, vielen Skateboards. Kleiner als mein Longboard – sorry, Bens Longboard –, aber großartig cool. Ich fand eine Skater-Seite für Leute, «die genauso alt sind wie der Wachmann, der dich vom Skatespot vertreibt». Und all die Jungs waren grenzenlos entspannt und cool, sie zogen ihr Ding durch, wirkten lässig, mussten niemandem mehr imponieren, wirkten eins mit sich und der Welt, weil sie taten, was sie liebten. Skaten. Auf den Fotos waren Männer mit Bierbäuchen, mit beginnender Glatze, mit aus der Form geratenen Hüften. All das, was ich glücklicherweise nicht hatte. Dafür hatten sie etwas anderes. Ein kleines Skateboard.

Ich war kurz versucht, eins zu bestellen, aber angesichts der zu erwartenden Häme von Sabine und Ben ließ ich davon ab. Es gab eh schon zu viel Aufruhr in letzter Zeit.

PS: Ich merke, wie mein Körper immer straffer und fitter wird. Das Fitnessstudio hat großen Anteil daran. Vielleicht liegt es auch an der frischen Luft? Ich bin in letzter Zeit viel öfter draußen. Weil ich mehr Fahrrad fahre. Und Longboard. Ich lebe insgesamt gesünder, mein Teint ist rosiger. Vielmehr: sonnengebräunter.

PPS: Es gab eben Streit mit Ben. Weil er sein Longboard nicht gefunden hat. Na ja, er konnte es auch nicht finden, weil ich gerade damit unterwegs war. Mal eben um die Ecke, zum Bäcker. Ben fand das gar nicht lustig. Es ging hoch her, als ich zur Haustür reinkam. Ich wurde des Diebstahls bezichtigt. Türen wurden geknallt.

PPPS: Ich habe mir selbst ein Longboard gekauft. Um des lieben Friedens willen. Nur deswegen.

PPPPS: Im Moment ist das Verhältnis zwischen Sabine und mir etwas angespannt. Weil ich angeblich «das Geld zum Fenster rauswerfen» würde. Das ist eine Lüge. Die Dinger sind gar nicht so teuer.

PPPPPS: Es geht mir gut. Abgesehen vom dem sehr großen, sehr blauen Fleck, der sich an meiner gesamten rechten Körperseite vom Knie über die Hüfte bis zu den Rippen hochzieht. Apropos Rippen: Das Einatmen schmerzt. Wie Hölle. Möglicherweise ist eine Rippe angeknackst. Oder gebrochen. Aber ich verschweige das tapfer. Es wäre nur Wasser auf ihre Mühlen. Daher werde ich in den kommenden Tagen nicht mehr oben ohne durchs Haus laufen. Und besser auch erst nach Sabine ins Bett gehen, damit sie nicht mein Stöhnen bei jeder Umdrehung hört.

SIEBTES KAPITEL, *in dem ich voll im Trend bin*

Warum fangen Frauen ab einem bestimmten Alter eigentlich plötzlich an, Leopardenmuster zu tragen? Es ist mir ein totales Rätsel. Woher kommt auf einmal der Drang, sich mit diesem Tiermuster zu schmücken? Ungefähr in einem Alter von vierzig scheint sich im Kopf der Frauen ein Schalter umzulegen, und von einem Tag auf den anderen tragen sie Leggins, Handtaschen, Schals und vor allem Schuhe mit diesem obskuren Muster. Was ist das? Wollen die plötzlich ein Haustier? Wollen sie Urlaub in Afrika machen? Kommt ihnen ihr Leben langweilig und dröge vor, suchen sie *irgendeinen* Aspekt von Wildheit? Man weiß es nicht, und ich hoffe, dass sich Herden von Kulturwissenschaftlern auf dieses unerforschte und gleichzeitig so dankbare Thema stürzen werden. Ich für meinen Teil werde jedenfalls niemals Leopardenmuster tragen. Auch wenn ich ansonsten, was Mode angeht, ziemlich schwimme.

Genauso wie mein Sohn. Ich kann mich daran erinnern, als Mode und Trends das erste Mal eine Bedeutung für ihn bekamen. Ben befand sich gerade an der Grenze zwischen Kind und Pubertier. Er war noch sehr, sehr viel Kind, aber es gab erste Anzeichen, dass er in diesen anderen Lebensabschnitt gleiten würde. Bislang war es ihm immer VÖLLIG egal gewesen, was er anzog, beziehungsweise *man* ihm anzog. Hauptsache, es kniff nicht irgendwo und die Taschen waren groß genug, um irgendwelche befremdlichen Sachen reinzustopfen. Ob Löcher, Dreck – es war Ben völlig egal.

Aber plötzlich war das anders. Plötzlich wurde eine Marke wichtig. Eine Aufschrift. Ein Logo. Gut, Bens Geschmack war wirklich fragwürdig, denn zu den absoluten Lieblingssachen in diesem Sommer gehörte sein Louis-Vuitton-T-Shirt, eine ungefähr 50 Cent teure Billigfälschung, die man nicht nur wegen des falsch geschriebenen Namens auf den ersten Blick identifizieren konnte, sondern auch wegen des grässlichen Synthetikgeruchs, der sich – auch das war in diesem Sommer neu – mit einem pubertären Geruch mischte, ihn sogar noch verstärkte: Schweiß. Teenagerschweiß. Grauenhaft. Aber ein anderes Thema. Dieser Sommer stand unter dem Motto: Logo, Deo und Hip-Hop. Das war Bens bevorzugte Musikrichtung. Was mir Gelegenheit gab, als cooler Dad zu glänzen.

Wir standen an der Ampel, die Fenster runtergekurbelt, ich sagte: «Warte, ich zeig dir was», und schmiss Snoop Doggy Dog rein, «Still D.R.E.». Einer der Megasongs der Weltgeschichte. Der Bass dröhnte, der Wagen vibrierte, und Ben riss die Augen auf. So was hatte er noch nie gehört. Diese Stimme. Diese Beats. Legende! Zufrieden wippend fuhren wir in den Sommernachmittag, geflasht, cool – und beide irgendwie siebzehn Jahre alt. Es war traumhaft.

Wenn ich heute versuche, Ben von einem Lied zu überzeugen, ernte ich ein mitleidiges Lächeln. Öfter allerdings: «Oh nein, bitte nicht.» Oder: «Lame.» Oder: «Keine Zeit.» (Das sagt er auch, wenn er die nächsten zwanzig Minuten neben mir im Auto sitzen wird. Was soll das heißen: Keine Zeit? Unverschämtheit!)

Bei Leonie ist das anders. Ihr darf ich coole Sachen vorspielen. Auch wenn sie sie nicht mag. Aber sie ist einfach ein sozialeres Wesen. Hat mehr Empathie. Dafür muss ich im Gegenzug schreckliche, schreckliche Sachen hören. Das Titellied von *König der Löwen* oder *Die Eisprinzessin*. Oder «Last Christmas». Auch im Sommer!

Leonie hat, so viel muss man sagen, den schrecklichen Musikgeschmack ihrer Mutter geerbt. DAS ist uncool. Und nicht ich, wie Ben sagt.

Bin ich das? Bin ich uncool? Hey, ich trage gute Jeans. Nike-Schuhe. Manchmal Sweatshirts. Insgesamt eine gute, moderne Mischung und, ja, irgendwie trendy. Ben klärte mich letztens auf. Ja, Nike-Turnschuhe wären schon cool. Aber nicht meine. Die wären noch nicht mal oldschool. Sondern nur «old».

Ich war baff.

An dem Abend sah ich mir ein paar Fotos aus meiner Jugend an. Ich betrachtete meine Haarschnitte, meine Klamotten, mein Aussehen. Ja, einiges war fragwürdig gewesen. Und grauenhaft. Aber: Das war damals die Zeit. Das hatte man so getragen. Und heute? Ich habe keine Ahnung.

Deswegen begann ich zu recherchieren, schaute im Internet, kaufte mir Männerzeitschriften. *GQ* und so was. Die mussten es ja wissen. Ich sah keinen großen Unterschied zwischen den Modestrecken dort und meinem aktuellen Stil. Aber es waren wohl die Feinheiten. Feinheiten, die es früher so nie gegeben hat. Zu meiner Zeit (oh Gott, diese Formulierung macht einen schlagartig zehn Jahre älter. Ich werde sie nie wieder benutzen!), jedenfalls damals gab es bei den Jugendlichen einfache, glasklare Abgrenzungen: Man war Popper (also Mainstream), Punk, Skin, Rocker (davon gab es damals nur noch ein paar wenige, ihre große Zeit war schon vorüber), Waver, Ted und meinetwegen vielleicht noch Nerd. Obwohl es diesen Begriff damals noch nicht gab. Und die entsprechenden Typen waren auch überhaupt nicht cool, so wie heute. Die saßen vorne links in der ersten Reihe, hatten Aktenkoffer, Taschenrechner und einen Haarschnitt, den wahrscheinlich ihre halbblinde Oma angefertigt hatte. Mit Hilfe eines Topfs und einer Gartenschere. Sie waren Loser. Und klamottenmäßig natürlich vollkommen raus. Die anderen Jugendlichen grenzten sich durch Haarschnitte und -farben, Schuh- und Jackenstil voneinander ab. Und zwar auf den ersten Blick. Man wusste sofort, zu wem man gehört. Und von wem man aufs Maul kriegt.

Heutzutage? Die Jugend ist eine breite, uniforme Masse. Alle sehen gleich aus. Womöglich gibt es Codes, mit deren Hilfe sie ihre fragmentierten Untergruppen definieren, aber sie sind mir völlig unverständlich. Und je länger ich drüber nachdenke: Ich bin froh, dass ich sie nicht verstehen muss.

Ohnehin – ich bin nie ein Early Adopter gewesen. Ich habe schon immer das gut gefunden, was die meisten meiner Kumpels gut fanden. Mir erschien das modisch, was man plötzlich an den meisten Menschen auf der Straße sah. Hey – solche Schuhe will ich auch haben. Ich war immer breite Mitte, ein kleiner unbedeutender Fisch im großen Schwarm.

Warum eigentlich? Und vor allem: Warum jetzt immer noch? Es gibt doch gar keine Notwendigkeit mehr, sich irgendwie anzupassen? Ich kann tragen, was ich will! Es gibt diese total freshen Nike Air Jordan Legacy 123 Sneaker mit der Goldkante mit mandelförmiger Kappe und Schnallenverschluss, die ich gerade auf einer Sneakerhead-Seite bestellt habe und um die sich Tausende Jugendliche reißen. Selbst wenn ich dafür belächelt werde – Scheiß drauf! Mit meiner neuentdeckten Lässigkeit und der Weisheit meines Alters werde ich ganz entspannt darüberstehen.

PS: Sabine hat sich Schuhe mit Leopardenmuster gekauft. Wir hatten ein langes, ernstes Gespräch gestern Abend.

ACHTES KAPITEL, *in dem ich mich besser ernähre*

Der Jo-Jo-Effekt beschreibt normalerweise das Auf und Ab unseres Gewichts nach einer Diät. Aber er trifft genauso auf meine Laune zu. Wenn ich die vergangenen Monate Revue passieren lasse, so habe ich alle möglichen Hoch- und Tiefphasen der Zufriedenheit erlebt.

Es gab das anfängliche Down vor dem Spiegel, als ich mir – erschrocken von meinem eigenen Anblick – am liebsten eine Papiertüte über den ganzen Körper gestreift hätte, um mir das entsetzliche Grauen nicht ansehen zu müssen. Dann, nach dem Eintritt ins Fitnessstudio, nach den ersten unbeholfenen Sportversuchen, nach dem andauernden Muskelkater, gab es irgendwann diese überraschende Zahl auf der elektrischen Waage, diese magischen Ziffern «75 Kilo», meinen ungläubigen Blick in den Spiegel, meine Hände, die begeistert über meinen so viel schlankeren Bauch strichen und tasteten, wie dünn die Fettschicht zwischen Haut und Muskeln geworden war – ja, tatsächlich: Es waren *Muskeln*! Ich konnte an meinem Bauch etwas Hartes spüren, und es waren definitiv keine Knochen!

Ein großartiges Erfolgserlebnis. Und dann – vor ein paar Wochen – die Ernüchterung. Als ich meinen Körper vor dem Spiegel mal zur Seite drehte. Und begriff, dass ich zwar frontal ganz in Ordnung aussehe, von der Seite aber wie eine Schwangere.

Es könnte an den Würstchen liegen. Schließlich ist Sommer, und ich habe wohl ein paarmal zu oft den Grill angeschmissen. Es könnte allerdings auch an den Bieren liegen. Schließlich ist Sommer, und ich habe gegrillt, was das Zeug hält, und dazu natürlich Bier getrunken. Was auch sonst? Oder es liegt an den ganzen Snacks, die ich dazu auf den Tisch gestellt habe. Zum Bier. Man braucht einfach Chips und Erdnüsse, wenn man Bier trinkt. Also ich zumindest. Ich schaufele die zum Bier in mich rein, als gäbe es kein Morgen.

Aber es gibt einen Morgen!

Und der war genau an jenem Sommernachmittag, an dem ich bei 30 Grad Hitze verzweifelt vor dem Spiegel stand, mich widerlich fett fühlte und sogar Wülste an den Hüften entdeckte, rechts und links, Ausstülpungen von Fett, während andere Menschen in knappesten Bikinis und Shorts im Schwimmbad ihre perfekten, schlanken Körper mit ohne (!) Ausstülpungen ins Freibadwasser tauchten.

Mir wurde schlagartig klar, dass ich den ganzen Sommer keinen Fuß ins Wasser setzen würde. Weil ich nämlich gar nicht rausgehen würde, sondern mich ganzkörperverhüllt ins dunkle Schlafzimmer zurückziehen und so lange warten würde, bis es endlich Winter war und man gefahrlos dicke gepolsterte Skianzüge tragen konnte, ohne dass man ausgelacht würde.

Bei 30 Grad Hitze würde ich im Skianzug vielleicht auch erst kurz ausgelacht, dann aber verhaftet werden. Wegen irgendeiner Psychostörung oder so.

Dabei habe ich keine Störung, ich bin einfach nur fett. Ich erinnerte mich daran, was ich über das Altern und die biochemischen Prozesse gelernt hatte, an den Abbau von Muskelmasse und die Zunahme von Fettzellen im Körper – ein beinahe zwangsläufiger Entwicklungsprozess. Seien wir ehrlich: ein Degenerationsprozess.

Es ist eigentlich unfassbar ungerecht, dass wir Menschen im Alter von zwanzig körperlich unser absolutes Hoch haben – und es dann konstant bergab geht. Mit zwanzig!!! Mein Gott, mit zwanzig haben wir doch alle keine Ahnung, was wir mit diesem Körper auf dem Gipfel seiner Leistungs-fähigkeit anfangen sollen!

Also ich zumindest nicht. Ich habe damals rumgehangen und gekifft.

Und jetzt? War der ganze Sport der letzten Monate etwa für die Katz? Muss ich aufgeben? Bin ich gescheitert?

Für eine Millisekunde hatte ich Filmszenen aus amerikanischen Sportlerfilmen vor Augen. Und ja, auch eine Szene aus *Rocky*. Sylvester Stallone auf diesen Treppen, die er hoch und runter joggt und sich dabei eisern quält, um diesen Kampf am Ende durchzustehen. Vielleicht hat er dabei auch «Adrian!» geschrien, ich weiß es nicht. Aber allein, dass ich mich ausgerechnet an *Rocky* erinnerte, sagt ja etwas über mein Alter aus. Über mein verdammt altes Alter. Und einmal mehr: dass mir die Zeit davonläuft. Und dass ich kämpfen muss. Jawohl! Ich würde kämpfen!

Und zwar, indem ich – ich habe tatsächlich Schwierigkeiten, dieses Wort hinzuschreiben jetzt, aber gut, ich muss da durch – eine Diät mache.

Diät! Das ist in meiner bisherigen Vorstellung immer etwas für, tja, Frauen gewesen. (Ich bin ein alter, überheblicher, rückständiger weißer Mann.) Frauen, die *Brigitte* lesen. Die *Brigitte*-Diät muss legendär sein. Natürlich machen nicht nur Frauen Diäten. Aber ich kenne keinen Mann, der eine Diät macht. Zumindest keinen, der jemals offen darüber gesprochen hat.

Auch das gab mir zu denken. Aber schnell stand mein Entschluss fest: Ich würde darüber reden. Offen. Und schonungslos. Ich würde es ganz offensiv angehen, dass ich ab jetzt auf Diät war.

Na gut, vielleicht nicht meiner Familie gegenüber. Denn ich ahnte im selben Moment, was ich da an Bemerkungen würde einstecken müssen: «Wird auch Zeit.» «Das hältst du eh nicht durch.» «Hast du etwa eine Affäre?»

Gerade bei letzterem Thema muss ich aufpassen. Nicht, dass ich eine Affäre hätte. So interessant ich Sophie, die Mutter von Max, auch finde. Oder Svenja, die Mutter von Leonies Freundin Carla. Oder Elisa, vom Yoga. Oder … na ja, geschenkt. Aber Sabine hat mich in letzter Zeit öfter misstrauisch gemustert. Als ob sie irgendwas vermutet. Wozu sie aber keinen Grund hat! Ich bin zufrieden mit unserem Sexualleben!

Wobei … Das hört sich nach einer sehr eilig hingeschriebenen Schutzbehauptung an, oder nicht? Nach einem Reflex. Als ob ich mich selbst besänftigen will. Hm. Sagen wir es so: Ich bin zufrieden mit der Erinnerung an unser Sexleben, wie es früher mal gewesen ist.

Aber zurück zum Jo-Jo-Effekt. Ich will kein Auf und Ab. Weder für meine Laune noch für mein Gewicht. Ich wünsche mir ein gleichbleibendes, dauerhaft gutes Gewicht. Das heißt, ich muss meine Ernährung komplett umstellen. Für immer.

Allein bei dem Gedanken brach mir der Schweiß aus. Wenn ich eine Frau wäre, wär's wohl die Menopause gewesen. Hahaha.

Bei mir war es natürlich die nackte Panik.

Ich googelte im Internet und fand heraus, dass es unzählige Blogs und Seiten gibt, die sich mit Diät und Ernährung beschäftigen. Viele davon sind von jungen, ziemlich attraktiven Foodbloggerinnen, die unfassbar gesund und frisch aussehen. Die meisten davon machen auch noch Yoga. Natürlich.

Nachdem ich mich eine Weile durch die Seiten geklickt hatte, stellte ich schamvoll fest, dass ich mich ziemlich verfranzt hatte. Weil ich mehr auf die Fotos der sehr anziehenden Damen schaute als auf deren Rezepte. Geschweige denn auf die Ernährungstipps, wegen denen ich doch eigentlich da war. Schluss damit!

Als Nächstes schaffte ich mir alle Ernährungsbücher an. Na gut, nicht alle, aber es gibt welche, die die Ergebnisse anderer Bücher und Diäten zusammenfassen. Und die gibt es auch als Podcast bzw. Hörbuch. Und: Ein solches kann man auch mit anderthalbfacher Geschwindigkeit hören. Also mehr Inhalt in viel kürzerer Zeit.

Und tatsächlich: Nach nur zwei Stunden hatte ich ein fundamentales Wissen über gesunde und schlankmachende Ernährung verinnerlicht. Nimm das, *Brigitte*! Wozu endlose Jahrgänge abonnieren, tausend Artikel und dicke Bücher lesen?

Der Schlüssel zu allem scheint eine Low-Carb-Ernährung zu sein. Also weniger Kohlenhydrate, keine Chips, kein Brot, kein Getreide, keine Nudeln. Und weniger Fleisch. Das würde in meinem Fall noch dazukommen. Aber: Genug gegrillt habe ich ja. Und das für mehrere Sommer.

Als ich ein paar Tage später vom großen Samstagseinkauf zurückkam und die Familie mir half, die Berge von Gemüse und veganem Fleischersatz aus dem Auto in die Küche zu tragen, erntete ich befremdete Blicke. Irritation. Und Fragen. Fragen über Fragen. Ich kam nicht drum rum, ich musste der Familie eröffnen, dass ich von nun an auf mein Gewicht achten wollte.

«Endlich», schmunzelte Sabine.

«Wir *alle*», sagte ich streng und schaute absichtlich nicht auf Sabines Hüftgegend. Ich weiß nicht, ob sie das Signal verstanden hat. Und um vor allem eins klarzumachen, fügte ich noch hinzu: «Damit meine ich nicht, dass wir wieder deinen komischen Frischkornbrei essen.»

Denn damit hat Sabine uns vor ein paar Jahren gequält. Gesundheitliche Aspekte haben wir da nicht feststellen können, nur psychologische: Die Kinder und ich haben angesichts der schleimigen Masse, die wir wochenlang in uns hineinzwängen mussten, auf jeden Fall ein paar Traumata davongetragen.

«Mama, hat Papa etwa eine Affäre?», fragte Ben.

«Natürlich nicht!», sagte ich entschieden. «Aber im Sinne unseres ökologischen Fußabdrucks in dieser Welt sollten wir alle mal darüber nachdenken, ob wir weiterhin so viel Fleisch essen müssen …»

«Doch, wir *müssen*», unterbrach mich Ben. «Das ist wichtig für Kinder, wegen Wachstum und so.»

Als ich zu bedenken gab, wie viele männliche Küken in der modernen Tierhaltung sterben müssen, wie viel Platz Schweine in der Massentierhaltung haben und so weiter, wurde Leonie augenblicklich zur Vegetarierin. Nicht, dass sie davor nichts davon geahnt hatte, aber die Deutlichkeit, mit der ich das aussprach, überzeugte sie.

Gut, rückblickend muss ich gestehen, dass ich vielleicht ein ganz kleines Trauma bei ihr ausgelöst habe. Aber es ging um das Wohl der Tiere. Leonie stieg sofort auf fleischlose Ernährung um. Ben war da widerspenstiger. Ich ertappte ihn kurz darauf, wie er die ganzen veganen Fleischersatzprodukte in den Kofferraum des Wagens zurücktrug. Unfassbar!

Doch auch mit Leonie gab es an dem Abend Diskussionen. Als sie begriff, was Low Carb eigentlich bedeutet.

«ABER ICH WILL NUDELN!»

«Kannst du ja auch haben, aber wir machen einfach welche aus Zucchini.»

«ICH WILL RICHTIGE NUDELN!»

Türenknallen. Aufruhr. Schimpfwörter. Drohungen, sich adoptieren zu lassen, und so weiter. Nun ja. Aber jeder Missionar hat ja mit Widerständen zu kämpfen, oder etwa nicht? Und es war im Sinne des Guten!

Von da an war die Stimmung im Haus unterkühlt. Zumindest auf Kinderseite. Ich gab mein Bestes, um sie zu unterhalten, aufzumuntern, ich ignorierte die Proteste («Das ist eine repressive Diktatur!» – «Das ist vor allem doppelt gemoppelt, mein Lieber») und begleitete beinahe jedes Abendessen mit den Worten «Es schmeckt toll, oder?» und «Man merkt gar nicht, dass da kein Fleisch drin ist, oder?».

Nur von Sabine bekam ich Bonuspunkte. Liebevolle Blicke. Anerkennung. Aber auch Sätze wie: «Ich habe mir schon Sorgen gemacht.»

Sorgen? Bitte, was für Sorgen? Nun, dass ich gänzlich aus der Form gerate. Wegen meiner Cholesterinwerte, die bestimmt erhöht waren. Und weil ich in meinem Alter natürlich zu einer Risikogruppe gehöre und meine bisherige ungesunde Ernährungsweise bestimmt nicht förderlich gewesen ist. Wie schön, dass das jetzt vorbei war. Sabines Worte und Blicke hatten etwas Sanftes, sie wollten eigentlich trösten – aber ich hörte nur Vorwürfe heraus.

Vor lauter Frust hätte ich am liebsten in ein Riesengrillsteak gebissen. Oder einen Teller Pasta verschlungen. Es gibt schließlich kaum etwas Tröstlicheres. So ein Essen ist Soul Food!

Aber wo beim Grünkohl die Seele sein soll – ich habe keine Ahnung. Vielleicht müssen Dinge eine Seele haben, damit daraus Soul Food wird? Vielleicht sollte man deswegen Tiere …

Nein, das ist natürlich Unsinn. Ich fühlte mich kindisch. Und ich nahm mir vor, nun umso härter auf meinen neuen Ernährungsplan zu achten.

Nach ein paar Tagen stellte sich im Hause überraschenderweise so etwas wie Frieden ein. Die Kinder ließen tatsächlich ihr permanentes Gemecker sein. Allerdings stocherten sie eher im Essen, und keiner von beiden aß den Teller leer. Aber gut, man kann wohl nicht alles erwarten. Dennoch schienen sie satt und sogar zufrieden zu sein. Oh Wunder!

Oh Wunder vor allem, weil ich es nicht war. Satt. Oder zufrieden. Das letzte Mal, dass ich gute Laune gehabt habe, war … wahrscheinlich an dem Tag vor dem Tag, als ich im Spiegel meinen fetten Kugelbauch entdeckt habe. Also an dem Tag, an dem ich das letzte Mal den Grill angeschmissen habe.

Man liest ja immer wieder von Menschen, die in den Hungerstreik treten. Nach drei bis vier Wochen können ernsthafte, zum Teil bleibende gesundheitliche Schäden auftreten, die zum Tode führen können. Ich dagegen aß und hatte keine gesundheitlichen Schäden, sondern psychische. Ich hatte die schlechteste Laune der Welt. Ich blaffte Sabine an, schimpfte mit den Kindern, war im Job grantig und so unzufrieden wie selten zuvor. Kam das alles etwa von meiner umgestellten Ernährung?

Und überhaupt: Nichts lief gut. Die Stimmung im Haus war angespannt, wie eine Lunte, die an beiden Seiten brannte. Eine Taschengelddiskussion mit den Kindern eskalierte. Irgendwann fehlte Geld aus der Krimskramsdose. Stahlen die Kinder etwa? Ich wollte gerade eine Familienkonferenz einberufen, da kam ich auf die Lösung. Als ich nämlich in Leonies Zimmer platzte und sie nach unten beorderte. Als sie eingeschnappt an mir vorbeiging – und ich ihren Atem roch.

Döner! Unverkennbar! So kam alles raus.

Die Kinder gingen jeden Mittag nach der Schule zur Pommesbude! Sie kauften sich Döner. Oder Hamburger. Oder Gyros. Oder Ćevapčići.

Daher auch die Taschengelddiskussionen. Deswegen der Diebstahl aus der Krimskramsdose. Sie brauchten Geld. Ihr Drang danach, ihr Verlangen nach Fleisch war so groß, dass sie sogar zu illegalen Methoden griffen. Ich hatte meine Kinder zu Monstern gemacht!

Und auf die bittere Art einmal mehr gelernt, dass jeglicher Dogmatismus einfach falsch ist. Ich war gefrustet. Ein Rabenvater. Ein schlecht gelaunter Rabenvater, der seine Kinder beneidete und ihnen kaum den Döner gönnte, nach dem er sich selbst wahnsinnig verzehrte. Ich stellte mir das saftige Fleisch vor, wie es sich in das Pitabrot schmiegte, von den beiden leckeren Soßen umspielt wurde, ich dachte an das Wechselspiel der sanften Knoblauchnote mit der eleganten Schärfe der Creme, die das Fleisch benetzte, gepaart mit der Frische der Tomaten und Gurken und dazu der etwas provokante, durchstechende, aber unverzichtbare Geschmack von Zwiebeln … Ein Traum!

Als ich vom Dönerladen zurückkam, hatte ich den Respekt einiger pubertierender Jungs gewonnen, die in der Bude staunend zugesehen hatten, wie ich DREI Döner hintereinander vertilgt hatte. Respekt, Digger. Eigentlich war ich nach dem zweiten Döner schon mehr als satt gewesen, aber ich hatte die Blicke der Jungs gespürt und mich irgendwie herausgefordert gefühlt. Es ist ein uralter Mechanismus – ich würde nicht sagen, dass ich von krankhaftem Ehrgeiz getrieben bin, aber es ist mir einfach nicht möglich, hinter jemandem herzujoggen. Dann fühle ich mich provoziert, dann MUSS ich überholen.

Aus demselben Grund esse ich auch drei Döner.

Danach war mir schlecht. Ich hätte mich übergeben können. Es fühlte sich an wie die Scham nach einem Alkoholexzess, das bittere Bereuen am nächsten Morgen, die Peinlichkeit, sich hingegeben zu haben, die Enttäuschung, dass man nicht standhaft geblieben ist, die deprimierende Erkenntnis, dass wir nichts anderes sind als wankelmütige kleine Würmer, rückgratlose Weichtiere, die keinerlei Anstand, Moral und Gewissen haben.

Zu Hause schleppte ich mich gefrustet und kraftlos ins Schlafzimmer, um mir ein anderes T-Shirt anzuziehen, denn das jetzige hatte ich mit Dönersoße bekleckert. Kurz streifte mein Blick den Spiegel. Ich war irritiert. Denn die Schwangere in mir war nur noch im dritten Monat. Nach nur einer Woche Low Carb! Ich konnte es nicht fassen. Ich drehte und wendete mich, kniff mir in die Seiten, ich war sprachlos. Was für ein Erfolgserlebnis!!!

Und dann sagte Sabine, die unbemerkt in der Tür gestanden hatte: «Prima. Und wenn du jetzt aufhörst, Alkohol zu trinken, bist du bald wieder wie neu.» Sie schmunzelte und ging weg.

Ich blieb völlig verwirrt zurück. Was soll das heißen – «wieder wie neu»???

PS: Von meinem Döner-Ausbruch erzählte ich zu Hause natürlich nichts. Wie auch? Sollte ich vor den Kindern klein beigeben? Sie würden mich nie wieder als Vorbild akzeptieren. Und ich konnte auch Sabine nichts erzählen. Sie hatte mich zum ersten Mal seit Ewigkeiten anerkennend angesehen.

PPS: Die Jungsgang im Dönerladen und ich sind Freunde geworden. Ganz nette Burschen. Obwohl ich beim Döner-Wettessen fast immer gewinne.

PPPS: Ich hätte mir denken sollen, dass Ben die Jungs kennt. Sie sind zwei Stufen über ihm, aber auf derselben Schule. Gestern hat Ben sich heimlich einen Döner holen wollen und mich bei meinem Dark Secret ertappt. Ich habe versucht, mich rauszureden. Es war nur «ein einmaliger Ausrutscher». Und «eigentlich habe ich ihn für dich gekauft». Außerdem: «Ich war vorher noch nie hier.» Und so weiter. Aber dann erzählte die Jungsgang von unseren Wettessen …

NEUNTES KAPITEL, *in dem ich weniger trinke*

Soll ich jetzt etwa auch noch keinen Alkohol mehr trinken? Geht das überhaupt? Und warum sollte ich das tun? Das ist doch eine Schnapsidee.

Hahaha.

Ich bin peinlich. Und auch: dumm. Denn ich habe zum Beispiel nie verstanden, warum Alkohol dick machen soll. Dass eine fette Schweinehaxe dick macht, das leuchtet mir ein. Logo. Auch mehrere Döner hintereinander tragen nicht wirklich zum Gewichtsverlust bei. Dass man von Bier dick wird, na klar. Wegen der Hefe. Die bläht nun mal auf. Deswegen heißt es ja auch Bierbauch.

Aber Weißwein??? Ein zarter, kleiner, schlanker, harmloser Weißwein? Warum sollte man davon zunehmen? Ich verstehe das nicht.

Nun, anscheinend ist Alkohol nach dem Fett in der Nahrung der energiereichste Nährstoff. Klar, dass süße, alkoholische Getränke wie irgendwelche Cocktails oder Liköre zusätzlich noch viel Zucker enthalten, aber schon ein Glas schwerer Rotwein bringt es auf 195 Kalorien und 24 Gramm Alkohol. Weißwein auf 69 Kalorien pro 100 Milliliter, Bier dagegen «nur» auf 37 Kalorien pro 100 Milliliter. Es gilt die

Regel: Je niedriger der Alkoholgehalt des Getränks, desto weniger Kalorien.

So schön, so gut. Aber woher kommt dann der Bierbauch? Das liegt am hohen Glukosegehalt des Alkohols. Der Körper will den Zucker darin sofort zur Energiegewinnung nutzen und versucht, den Alkohol noch vor dem Fett abzubauen. Das Fett und Energielieferanten wie Kohlenhydrate lässt er links liegen und kümmert sich erst mal um den Zucker. So lange lagert er Fett und Kohlenhydrate einfach irgendwo ein – voilà: die Fettpölsterchen.

Mein Körper versucht also, zunächst das Feierabendbier oder das Glas Wein in der Nacht abzubauen, erst danach kommen die Fette und die Kohlenhydrate (also all die Nüsse und Chips, die ich so gerne dazu esse) dran. Sprich: Der Fettstoffwechsel wird erst mal stark gehemmt. Und anscheinend ist mein Körper in der Nacht auch einfach mal müde. Er will sich auch mal ausruhen. Und nicht nur dauernd irgendwelche Sachen abbauen. Das kann ich sogar verstehen.

Es kommt eine andere Schwierigkeit dazu, wie ich lerne. Die hat mit dem glykämischen Index zu tun. Je höher der glykämische Index bei einem Lebensmittel ist, desto schneller wird es verdaut – und währenddessen steigt der Blutzuckerspiegel an. Woraufhin das Hormon Insulin ausgeschüttet wird. Das soll dafür sorgen, dass der Blutzuckerspiegel wieder sinkt. Prima so weit.

Aber je höher die Verlaufskurve des Blutzuckerspiegels, desto ungesünder beziehungsweise desto wahrscheinlicher die Heißhungerattacke. Ein glykämischer Index unter 55 bedeutet einen moderaten Anstieg und damit eine niedrige Insulinausschüttung. Der glykämische Index von Bier ist aber mit 100 bis 110 sehr hoch. Bier hat also sehr starke Auswirkungen auf den Blutzucker und damit auch auf den Insulinspiegel. Daraus resultiert ein gesteigerter Appetit – denn der Körper will sofort weitere Kalorien, entweder in Form von einem nächsten Bier oder irgendwelchen Snacks. Zum Beispiel Chips. Oder Nüsse. Staudensellerie beispielsweise hat kaum Kalorien. Kein Wunder, dass der Körper nicht auf die Idee kommt, bei ein paar Bier zu denken: Staudensellerie?! Wie lecker. Davon zieh ich mir jetzt ein paar blasse wässrige Stangen rein.

Not.

Ich kann dieses Kalorienthema gerade einfach nicht mehr hören. Es kann doch nicht dauernd um Gewichtsabnahme gehen. Woher diese verdammte Körperfixiertheit? Ich komme mir vor wie ein magersüchtiges siebzehnjähriges Mädchen.

Außerdem: Wein ist das älteste Nahrungsmittel der Welt! Also zumindest wurde schon im 6. Jahrtausend v. Chr. Wein hergestellt! Und seitdem ist dieses wunderbare Getränk aus dem kulturellen, wirtschaftlichen und sozialen Leben nicht mehr wegzudenken. Alkohol verschafft uns Ruhepausen, gibt uns Entspannung, mildert Stress, sorgt für wichtige soziale Verbindungen und Bündnisse (etwa wenn wir im Rausch Brüderschaft schließen oder uns auf einen Flirt einlassen). Alkohol ist ein beinahe unverzichtbares Schmiermittel für zahllose gesellschaftliche und zwischenmenschliche Prozesse.

Wenn Sabine und ich nicht früher so viel Wein getrunken hätten, gerade in ihrer Italien-Phase, hätte ich sie womöglich nicht von mir überzeugen können. Und hätten wir vielleicht nicht Ben gezeugt. Oder später Leonie. Also nicht, dass wir immer betrunken gewesen und die Kinder Unfälle gewesen sind. Aber der Genuss von Alkohol trug schon irgendwie zum ganzen Konstrukt bei.

Und auch heute ölt Alkohol unser Familienleben. Kürzlich hatte sich Sabine mit ihrem Buch und einem Glas Weißwein zurückgezogen, nachdem wir uns über das Blaumachen von Ben gestritten hatten. Und über andere Heimlichkeiten in der Beziehung. Etwa, wie viele Döner jemand hinter dem Rücken des anderen vertilgt. Ob das ein Betrug am Partner sei oder nicht. Für Sabine war es das. Sie hatte patzig hinzugefügt: «Wer weiß, was du mir sonst noch so verschweigst», und war mit Wein und Buch hinauf ins Schlafzimmer gegangen.

Was ich ihr sonst noch so verschweige? Was sollte das denn heißen? Na, nichts! Ich ärgerte mich über diese Unterstellung, und damit ich mich nicht zu sehr ärgerte, holte ich mir ein Glas von dem guten Chilenen. Dicker, samtiger Rotwein mit starken Tabaknoten und Schokoladenanklängen im Gaumen. Ein Traum!

Wenn ich ehrlich bin, ist mein Geschmackssinn nicht wirklich gut ausgebildet. Vor allem beim Wein. Ich schmecke nichts von irgendwelchen Tabaknoten. Oder von der Schokolade. Es steht halt auf der Flasche hintendrauf. Wenn ich noch ehrlicher bin, unterteile ich Wein vor allem nach Rot, Weiß und Rosé. Und nicht nach Herkunft, Lage,

Gewächs, Traube oder sonstigem Schnickschnack. Die Einstufung von Wein erfolgt bei mir in «Lecker» und «Nicht lecker». Und, na gut: «Nicht so lecker, knallt aber trotzdem gut». Mit diesem simplen Kategorisierungssystem bin ich mein Leben lang gut gefahren.

Ich glaube, ich bin da nicht allein. Es gibt viele, die wie ich einen anerkennenden Blick aufs Etikett werfen und irgendeinen auswendig gelernten Satz wie «Merlot ist mir immer ein bisschen zu samtig» oder «Cuvées sind in Deutschland verpönt, in Frankreich aber werden sie als große Kunst angesehen» von sich geben, irgendeine aufgeschnappte Bemerkung, die einen als rudimentären Weinkenner dastehen lässt. Dass ich über Wein noch weniger Halbwissen habe als über Fußball, fällt eigentlich nie auf. Wir mogeln uns doch alle mit Halbwahrheiten durch den Alltag. Was also hat Sabine damit gemeint, dass ich ihr was verschweige? Unverschämtheit.

Unter uns: Ich verschweige auch mir selbst gegenüber eine Menge. Zum Beispiel, wie viel Alkohol ich *wirklich* trinke. Hier ein Glas zum Abendessen, da ein Bier im Stehen in der Küche, erschöpft vom Tag und dem anstrengenden Arbeitsweg auf dem Fahrrad, hier ein zweites Glas Wein nach dem Abendessen. Dann ein drittes, weil, natürlich, die Flasche soll ja nicht so offen stehen bleiben, die kleine Pfütze dadrin, das ist doch Verschwendung. Außerdem kann ich die leere Flasche dann mit den anderen mitnehmen, wenn ich morgen früh am Altglascontainer vorbeikomme. Und schon wirkt das Haus auch viel aufgeräumter, und Sabine ist glücklich.

Deutschland ist ein sogenanntes Hochkonsumland für Alkohol. Was anscheinend daran liegt, dass viele Menschen so denken wie ich. Getoppt werden wir von Litauen, Tschechien und Irland, aber ganz vorneweg stehen, für mich völlig überraschend, die Seychellen, gefolgt von Uganda. Die Seychellanesen (wie heißen die eigentlich? Seychellaner? Die Leute, die wo auf den Seychellen wohnen?) haben 2018 rund 20,5 Liter reinen Alkohol pro Kopf getrunken. Wir Deutschen 12,9. Das ist weniger als bei den Insulanern, aber deutlich mehr als der Durchschnitt der OECD-Länder, der 2018 bei 10,5 lag. Anders gesagt: Wir Deutschen saufen mehr als die üblichen Verdächtigen, zu denen ich klischeehafterweise zum Beispiel die Finnen zähle. Und die ganzen anderen Nordländer. Oder die Briten.

Und allen vorneweg trinke ich!

Es ist erschütternd, wenn ich all das zusammenzähle, was ich in der Woche zuvor getrunken habe. Bin ich ein Quartalssäufer? Ein Alkoholiker?

Aber: Ich habe für jedes Glas Wein immer einen Grund oder eine Entschuldigung gehabt. Selbst für den Samstag vor zwei Wochen, als ich ausgerechnet am helllichten Nachmittag einen Pastis trinken *musste*. Mein Gott, es war eben der letzte Sommertag, die Sonne hat geknallt, das Straßenpflaster bog sich in der Hitze, und es roch nach Sonne und Sommer, überall waren gut gelaunte, glückliche Menschen unterwegs, die Hälfte von ihnen in Miniröcken. Alle Gedanken an den Job waren fern wie nie, dieser ganze Tag schien gar nicht zu enden, und die Straßencafés strahlten plötzlich diesen unnachahmlichen französischen Flair aus.

Wer hätte da keinen Pastis getrunken, vor lauter Urlaubs-romantik?

Gut, es hätte auch bei dem einen bleiben können. Spätestens der dritte war gänzlich überflüssig. Und ja, ich hätte vielleicht vorher etwas essen sollen. Oder mit dem Fahrrad kommen. Dass ich die Familienkutsche später stehen lassen musste, hat mich nicht nur einen Strafzettel gekostet, sondern zum Streit mit Sabine am nächsten Morgen geführt. Als die nämlich feststellte, dass der Wagen, den sie dringend brauchte, um Ben zum Fußballspiel zu fahren, nicht da stand, wo er stehen sollte: in der Auffahrt.

Je länger ich drüber nachdachte, umso klarer wurde mir, dass ich an meinem Alkoholkonsum etwas ändern sollte. Und zwar nicht nur wegen des Gewichts und meiner Körperform, sondern auch aus gesundheitlichen Gründen. Um einer Abhängigkeit vorzubeugen.

Als ich Sabine am Sonntag nach dem Pastis-Samstag erklärte, dass wir unseren Alkoholkonsum einmal reflektieren sollten, es sei ja gut möglich, dass wir auf ungesunde Art zu viel trinken würden, da bekam sie große Augen. In denen ich Panik las.

«Willst du jetzt etwa aufhören zu trinken?»

«Das erscheint mir eine Option …», erklärte ich weise und selbstreflektiert generös nickend.

«Spinnst du? Auf keinen Fall!»

«Bitte was?» Ich verstand gar nichts. *Sollte* ich etwa trinken? Alkohol? Den Dämon? Den Teufel? Die Wurzel vieler Zivilisationskrankheiten, die Ursache von Gewalt, Kriminalität, Unfällen! Allein das Risiko, an Krebs zu erkranken, ist bei regelmäßigem Konsum von Alkohol um ein Vier- bis Fünffaches höher als bei Nichttrinkern!

«Wenn das stimmungsmäßig nur ansatzweise in die Richtung geht wie dein wahnsinniger Fleischverzicht letztens – und das wird es mit absoluter Sicherheit –, dann will ich das hier im Haus nicht haben.»

Ich war baff. Sabine, *meine Ehefrau*, kümmerte sich einen Dreck um meine Gesundheit.

Ich fühlte mich alleingelassen. Dabei hatte ich doch eine positive Veränderung, eine Verbesserung der familiären, sozialen, gesundheitlichen Verhältnisse vorgeschlagen, die doch wirklich ALLEN guttun würde. Doch ich war nicht nur auf Granit gestoßen, es wurde mir auch noch subtil mitgeteilt, dass ich als friedlicher Sabberonkel von den anderen Familienmitgliedern am meisten geschätzt wurde. Es war eine echt harte Erkenntnis.

Ja, auf diesen Schock habe ich etwas getrunken. Na und?

Das mit der Zigarette dazu hätte allerdings nicht unbedingt sein müssen. Rauchen ist schädlich.

Wenige Tage später saß ich an einem der letzten Sommertage – der Pastis-Samstag war dann doch nicht der letzte gewesen – auf unserer Veranda, ein Glas guten Rotwein vor mir. Und schon drei in mir. Die Familie war im Bett, und ich genoss den Abend: allein, draußen, ich mochte den leichten Spätsommerwind, meine nackten Füße auf den Fliesen. Mir war etwas melancholisch zumute, als ich eine Zigarette aus der Packung holte, die ich vor ein paar Tagen heimlich am Kiosk gekauft hatte. Ich war mir dabei vor-

gekommen wie der Sechzehnjährige damals, der sich knall-
rotgesichtig heimlich an der Tankstelle ein Nacktmagazin
gekauft hatte. Und dazu natürlich noch jede Menge Scho-
koriegel, Scheibenwischerflüssigkeit, einen Wunderbaum
und Chips – als ob die in ihrer Harmlosigkeit verdecken
würden, worum es mir eigentlich ging: nackte Brüste. Der
Tankwart hatte es natürlich sofort durchschaut. Nicht nur,
weil ich ganz offensichtlich viel zu jung für ein Auto und
damit Scheibenwischerflüssigkeit und Wunderbäume war.
Sondern einfach auch, weil Männer einfach Männer sind
und trotz aller Unterschiedlichkeiten auf gewissen Ebenen
gleich ticken.

Mit ähnlich schamvoller Rotgesichtigkeit hatte ich nun
diese Zigaretten erstanden. Zumindest hatte ich keinen
Wunderbaum dazugekauft. Aber es war mir trotzdem
peinlich gewesen. Denn ich wusste, dass Sabine das nicht
gutheißen würde. Dass die Kinder sich angeekelt abwenden
würden. Weil heutzutage noch einmal mehr gilt: Nur Asis
rauchen. Es ist NICHT mehr cool. In der Raucherecke steht
niemand mehr.

Auch weil es keine Raucherecken mehr gibt!

Als ich jedenfalls an diesem Abend da draußen auf der
Terrasse darüber nachdachte, wie sich Werte, Einstellungen,
Coolnessfaktoren und so weiter verändert hatten, wurde
ich ganz wehmütig. Einmal mehr kam mir mein Leben vor,
als wäre es einfach nur entsetzlich vergänglich. Es war eine
Tatsache, dass jeden Tag ein Tag vom Rest meines Lebens
verging. Und irgendwann würden einfach nicht mehr viele
Tage da sein, und dann würde es vorbei sein. Ich befand

mich definitiv auf dem absteigenden Ast. Und wenn ich in die Zukunft schaute, dann schien da nichts Aufregendes auf mich zu warten. Alles Schöne, Wahre, Coole, Reizvolle, Lebendige lag in der Vergangenheit.

Als ich darüber nachdachte, wie wach, wie energetisch und wie rebellisch ich einmal gewesen war, machte mich das erst recht traurig. Sehnsüchtig. Und trotzig.

Natürlich habe ich dann eine Zigarette geraucht. War mir doch scheißegal, ob das ungesund war, ich würde eh bald sterben. Und es war mir auch egal, ob das nun uncool war oder nicht. Hauptsache, ICH fand es cool.

Mein kurzer Akt der Rebellion stockte für einen Moment, als ich darüber nachdachte, dass ich mit dem Rauchen ja gewartet hatte, bis alle im Bett waren, bis die Luft rein war. Sehr rebellisch. Hahaha.

Anstatt aufzustehen und kühl, klar und standfest zu erklären: Ich rauche jetzt eine Zigarette. Jawohl, hier in der *Küche*! Weil ich das jetzt einfach *will*. Basta.

Meine Feigheit widerte mich an.

Ich rauchte direkt noch eine Zigarette. Trank ein weiteres Glas. Und versank endgültig in der Depression.

Schlimmer war der nächste Tag. Als ich völlig verkatert in Selbstmitleid zerfloss. Anscheinend war ich am Ende so angetrunken gewesen, dass ich vergessen hatte, die ganzen Zigarettenkippen aufzusammeln oder auch die Packung zu verstecken. Sabine sagte zwar nichts dazu, aber sie schickte Blicke. Blicke, die schlimmer waren als jedes Wort. Die mich musterten, als wäre ich ein fremdes, nie gesehenes, unerklärliches und sehr, sehr ekliges Insekt.

PS: Es war natürlich eine Schnapsidee, mit dem Trinken aufzuhören. Allein weil ich Trost brauche. Wie gut, dass ich gar nicht erst angefangen habe aufzuhören.

PPS: Ein wunderbares Buch gefunden: *Kalsarikännit – Vom großen Spaß, sich allein zu Hause in Unterwäsche zu betrinken*. Ich habe ein neues Hobby!

PPPS: Ich habe leider auch eine Familie, die mir komische Blicke und gemeine Beschimpfungen zuwirft: «Papa, du stinkst.» «Hat er seinen Job verloren, Mama?» «Wenn du hier noch einen Weinfleck aufs Sofa machst, kannst du im Keller schlafen. Und diese alte Unterhose ist widerlich. *Widerlich!* ... Moment, ist das die, die ich letztens als Putzlappen genommen habe?»

ZEHNTES KAPITEL, *in dem ich mir andere Freunde wünsche*

Mein Vater hat mir einmal gesagt, dass man Freunde vor allem in seiner Kindheit und Jugend findet. Es sind hoffentlich viele, weil man über sein ganzes Leben einen nach dem anderen verliert. Je älter man wird, desto schwerer wird es, neue Freunde zu gewinnen.

Mein Vater sprach von *richtigen* Freunden, nicht von Bekannten oder Arbeitskollegen, die man im Laufe der Jahre kennenlernt. Sondern von den wenigen Menschen, mit denen man sich ansatzlos versteht, Menschen, mit denen man auch mal schweigen kann, bei denen man weiß, dass man auf einer Wellenlänge liegt, ohne dass man sich dessen in einem permanenten Wortstrom versichern muss. (Gut, das ist wohl eher die männliche Variante.)

Mein Vater war aber auch ein alter weißer Mann, als er mir das damals erklärte. Ich erinnere mich an den Moment. Wir fuhren im Auto über eine Landstraße, er am Steuer, den Blick irgendwie traurig geradeaus ins Nichts gerichtet, einen melancholischen Zug im Gesicht und in der Stimme, und ich glaube, er hat mir damals unter all dem, was wie eine Lebensweisheit klang, einfach nur sagen wollen, wie einsam er sich fühlte.

Ich habe das nicht verstanden. Ich war Anfang zwanzig und hatte so viele Freunde und Bekannte, dass es schwer war, überhaupt den Überblick zu behalten, geschweige denn, sie alle zu treffen. Am meisten schob ich seine Einsamkeit meinem Vater selbst zu. Und seinem sperrigen Charakter.

In letzter Zeit jedoch kam mir das Gespräch wieder in den Sinn. Und ich musste über meine Freunde nachdenken.

Es gibt nicht viele.

Also, es gibt viele Leute in meinem Leben und in meinem Bekanntenkreis. Aber mit den wenigsten bin ich wirklich befreundet. So komisch es klingt. Aber ich bin eigentlich kein sonderlich sozialer Mensch. Wie so viele andere Männer auch.

Anscheinend geht vielen von uns dieses Gen ab, sich um soziale Verbindungen und Verpflichtungen zu kümmern. Herrgott, ich vergesse sogar den Geburtstag meiner Mutter, wenn mich Sabine nicht daran erinnert. Ich würde niemals auf die Idee kommen, die Nachbarn auf einen Kuchen einzuladen, nur weil der Heiner mir mal seinen Rasenmäher geliehen hat. Es liegt mir völlig fern, mich bei der Fußballfahrgemeinschaft von Ben zu bedanken oder für Leonies Lehrerin ein Geburtstagsgeschenk von der ganzen Klasse zu organisieren. Also natürlich *sympathisiere* ich mit der Idee. Ich unterstütze das. Aber ich komme nicht von selbst darauf. Das ist Sabine. Sie ist es, die mich in dem sozialen Gefüge dieser Gesellschaft hält. Sie sorgt dafür, dass ich nicht wie ein abgeschotteter, zerzauselter Eremit lebe und einsam sterbe.

Sabine ist allerdings auch diejenige, die Leute wie Götz und Claudi oder Rainer und Nelli einlädt. Unsere «Freunde».

Es gibt ja diesen Spruch, dass die Freunde eines Menschen mehr über diesen Menschen aussagen als er selbst. Also: Die Menschen, mit denen man sich umgibt, definieren einen. Denn meistens wollen wir Menschen um uns haben, die uns *ähnlich* sind. Etwas anderes sorgt für Konflikte, macht uns womöglich Angst. Deswegen tendieren wir dazu, uns mit Menschen zu umgeben, die meinetwegen ebenfalls Künstler oder freischaffende Kreative sind, Menschen, die fluide Beziehungen führen, immer auf der Suche sind, stets im Flow und immer an Neuem interessiert. Oder mit Menschen, die dem Bildungsbürgertum angehören, konservativ wählen und die man jeden Sonntag in der Kirche trifft. Weil sie eben dieselben christlichen und vielleicht auch moralischen Werte haben wie wir. Oder mit Menschen, die ebenfalls im Tiefbau arbeiten und wie wir eine Neigung zu fettreichem Essen, Fußballstadionbesuchen und Großbildfernsehern haben. Um noch mal mehr blöde Klischees aufzutun.

Aber es ist leider selten, dass der Kunstprofessor mit dem Bäckereifachverkäufer befreundet ist. Was jedoch beiden wohl ziemlich guttun würde.

Doch es sind nicht nur die äußeren Faktoren. Deine Freunde sind deine Freunde, weil sie sich von ganz bestimmten Eigenschaften von dir angezogen fühlen. Etwa, dass du tiefschürfend und nachdenklich bist und man mit dir gute Gespräche führen kann. Oder weil du so einen charmanten Witz hast und die Zeit, die man mit dir verbringt, immer von Leichtigkeit und Fröhlichkeit geprägt ist.

Oder weil du so ein guter Zuhörer bist und immer gute und erstaunlich weise Ratschläge gibst.

Wenn ich mir allerdings unsere Freunde ansehe, muss ich davon ausgehen, dass ich ein spaßbefreiter, in Teilen reaktionärer Stiesel bin, dem man gar nichts recht machen kann und der in so einer eingeschränkten Blase lebt, als wäre er niemals aus dem Dreihundert-Seelen-Kaff herausgekommen, in dem er vor hundert Jahren geboren worden ist.

Es ist eine erschreckende Erkenntnis. Denn ich bin doch eigentlich ganz anders!!! Ich bin nicht wie der schlecht gelaunte Götz mit seinem Angeberporsche, dessen Baubetrieb wahrscheinlich nur deshalb so gut läuft, weil er Schwarzgeld bunkert wie Heu. Ich habe auch keine toxische Zwillingsbeziehung wie er und Claudi, die scheinbar sofort sterben, wenn sie mal ihre stets verschränkten Hände loslassen. Nein, Sabine und ich können unsere Sätze eigenständig beenden! Und wir haben durchaus unterschiedliche Ansichten zu bestimmten Themen, weswegen Abendessen mit uns bisweilen etwas lauter sind, aber dafür immer lebhaft – und nicht thematisch so eindimensional wie die von Götz und Claudi, wo sofort Schweigen einkehrt, wenn Götz von seinem Geschäft oder Claudi von ihrem Hobby spricht. Neuerdings ist das *Handlettering*.

Ich schwöre, wenn Sabine jemals darauf kommen sollte, uns ein in irgendeiner Kalligraphie gestaltetes «Wo dein Herz sich wohl fühlt, ist dein Zuhause» oder «Alles, was wir jetzt sind, ist das Resultat unserer Gedanken» an die Wand zu tackern, werde ich sofort die Scheidung einreichen!

Nicht viel besser sind die Abende mit Rainer und Nelli. Dort sind Sabine und ich eher die Stillen am Tisch. Weil Rainer und Nelli *immer* in Streit geraten. Und selbst wenn sie das nicht tun, ist jede noch so kleinste Bemerkung mit irgendwelchen Spitzen durchsetzt, dass die Stimmung irgendwann unerträglich wird. Es ist wie Gift, dass ganz langsam in deinen Körper einsickert.

Wenn wir später nach Hause fahren, Sabine und ich, streiten wir uns meist. Weil ich Rainer verstehen kann, der sich in seinen Sport flüchtet. Ich würde auch nicht meine Zeit und erst recht nicht mein Leben mit dieser verspannten Nelli verbringen wollen, deren Verhalten ein einziger Vorwurf ist. Sabine wiederum kann Nelli verstehen, weil auch ihr Rainers Sportwahnsinn auf die Nerven geht, seine andauernde Aufzählung von Wettbewerben, Trainingszeiten, Sportreisen. Tja, und das nervt sicherlich noch mehr, wenn man selbst so wenig Sport macht wie Sabine. Im Gegensatz zu mir.

So. Und schon isses wieder passiert. Ich denke an Rainer und Nelli – und prompt kommen die bösen Gedanken, kriechen in mich hinein und ich schreibe unfaire Dinge über meine Frau.

Diese vier «Freunde» jedenfalls sind über Sabine in mein Leben gekommen. Und ich wünsche mir manchmal, sie würden wieder gehen.

Sie sind alle so eindimensional, so erwartbar. Da ist nichts Überraschendes. Was würde ich dafür geben, mal wieder neue, inspirierende Menschen kennenzulernen! Jüngere, wildere, unkonventionellere Menschen! Die Spleens haben,

Energie. Die noch was wollen. Und von denen ich nicht sofort weiß, was sie sagen werden, wenn sie den Mund aufmachen. Ich will Leute, die mich fordern, die Abwechslung in mein Leben bringen. Die mein Leben bereichern! Die vielleicht sogar emotional etwas Neues bringen.

Ja, ich spreche auch von anderen Frauen. Und nein, ich glaube, ich meine nicht wirklich Freundschaft. Ich muss an Sophie denken. Oder an Svenja. Oder an Elisa vom Yoga ...

Aber das war gerade nur ein kurzer Moment, in dem ich mich habe hinreißen lassen. Ich bin verheiratet, und das werde ich bleiben, und Sabine ist meine Ehefrau, und alles ist gut und damit basta!

Aber es gibt ja zum Glück nicht nur Götz und Rainer, es gibt auch Marc. Ihn kenne ich aus Kindertagen. Vom Bolzplatz. Es gibt keine spektakuläre Geschichte, wie wir Freunde wurden, keine Prügeleien, keine Bandenkriege, keine Mädchengeschichten, keine Diebstähle, kein gemeinsamer Schabernack – wir standen irgendwann einfach nebeneinander am Spielfeldrand, und das war es dann. Da waren wir Freunde. Wir mussten gar nicht viel sagen, und so ist es auch heute noch. Marc ist lebensgewandt, offen, meistens lustig, ein angenehmer Gesprächspartner und durchaus charmant. Also nicht unbedingt zu mir (warum auch?), aber jedem weiblichen Wesen gegenüber. Nur bei Sabine hält er sich zurück. Anständigerweise.

Nein, Marc ist kein widerlicher Aufreißer, der dauernd krampfhaft Bestätigung sucht und hinter jedem Rock her ist. Aber die Frauen faszinieren ihn. Und er die Frauen. Okay, eine Menge von ihnen würden im Nachhinein wütend erklären, dass Marc ein widerlicher Aufreißer ist, der sich andauernd Bestätigung sucht und hinter jedem Rock her ist.

Ich sehe das anders. Ich weiß, dass er nicht anders kann. Ich weiß schließlich, dass er nichts Böses im Schilde führt. Und dass er unter den Dämonen, die ihn da antreiben, ziemlich leidet. Es ist eigentlich ganz spannend, Marcs Erlebnissen mit Frauen zuzuhören. Mit wem er alles One-Night-Stands, Affären oder kurze Beziehungen gehabt hat: mit Sexkolumnistinnen, Surfweltmeisterinnen, Moderatorinnen, Autorinnen, Wissenschaftlerinnen, Polizistinnen, Millionärinnen, Fußballerinnen und natürlich einer Yogalehrerin nach der nächsten.

Klar, mit der Zeit wird das ermüdend, es wiederholt sich alles. Es ist immer dieselbe Geschichte. Marc lernt eine Frau kennen, es ist heiß, es ist irre, es ist magnetisch, und sie fallen übereinanderher. (Nicht selten, während die Frau, die Marc davor kennengelernt hatte – es war heiß, es war irre, es war magnetisch –, noch immer am Start ist.) Aber schnell geht das alte *Ding* (Affäre/Beziehung/Friends-Plus/Wasauchimmer) auseinander, Marc investiert in die Neue. Bis die Neue irgendwann von einer anderen Neuen abgelöst wird.

Durchbrochen wird diese Routine durch Phasen der Abstinenz, in denen Marc hadert, mit sich, mit der Welt, mit den Frauen. In denen er völligen Verzicht, Keuschheit und jedes andere Rückzugsszenario beschwört. Aber es ist ganz offensichtlich: Marc kann nicht alleine sein. Und er ist es dann eigentlich auch nie.

Früher, als ich dieses immer wiederkehrende Muster noch nicht durchschaut hatte, war ich beeindruckt. Wie viel Leben, wie viel Spaß, wie viel Abenteuer Marc in seinem Leben hatte! Dann lernte ich Sabine kennen und lieben, und je mehr ich in die Beziehung mit ihr hineinwuchs, desto schaler und fader und irgendwie billiger kamen mir Marcs Geschichten vor. Irgendwann sogar verzweifelt. Trostlos. Und nicht nur mir, auch ihm selbst. Marc hat Momente, in denen er mich aufrichtig um meine lange, stabile Beziehung beneidet, um all das Vertrauen, das Sabine und ich haben, diese so starke Bindung, die durch jahrelanges miteinander SEIN, miteinander diskutieren, sich auseinandersetzen, sich verbünden, durch die gemeinsamen Erlebnisse, die Geburten der Kinder und so weiter einfach unerschütterlich geworden ist.

Letzte Woche war so ein Moment. Ich saß bei Marc am Tisch seiner modernisierten Altbauwohnung, der Rotwein stand vor uns, in meiner Hand qualmte eine Zigarette, und er schüttete mir das Herz aus, redete von dieser Frau, von der er sich gerade getrennt hatte, weil er festgestellt hatte, dass sie eigentlich *nichts* verband. Außer, zugegeben, heißem, wildem, willenlosem Sex, magnetisch sei das gewesen, aber irgendwie war da nicht mehr. Marc fühlte sich nicht in seiner Seele angesprochen. Er spürte, dass das etwas ganz anderes war, als er eigentlich brauchte. Marc wollte Verbindlichkeit, Vertrauen, Verlässlichkeit. So was, wie wir hatten, Sabine und ich.

Ach so.

Ich war eigentlich zu Marc gefahren, weil ich irgendeine seiner Frauengeschichten hören wollte, weil ich allein durchs Zuhören Teil eines Kosmos an erotischen Momenten, Frauentypen und -charakteren sein konnte, weil ich mich durchs bloße Zuhören in eine andere Welt katapultieren wollte, die ich bewunderte, herbeisehnte, eine Welt, die ich faszinierend fand. Und dann beneidete mich Marc wegen meiner Ehe. Das konnte ich nun echt nicht brauchen.

Marc ist der Einzige, mit dem ich mich hätte austauschen können. Über das Gefühl des Eingefahrenseins, der endlosen Wiederholung, der Tristesse, der Sehnsucht nach etwas Neuem, etwas Elektrisierendem. Niemand anderem könnte ich erzählen, dass ich zurzeit jeder anderen Frau hinterhersehe. Dass ich mich für Sophie und Svenja und Elisa interessiere. Dass ich durchaus sexuelle Phantasien habe. Dass mich meine Beziehung zu Sabine lähmt, dass ich mich erdrückt fühle, als würde die ganze Zeit eine harte, kratzende, schwere Wolldecke auf meinen Kopf gedrückt, unter der ich kaum Luft bekomme.

Aber gut, all das konnte ich Marc an diesem Abend nicht sagen, denn er war ziemlich deprimiert, wie sich nach einigen Gläsern herausstellte. Er überlegte sogar, ob er sich in Therapie begeben sollte. Es sei ja offensichtlich, dass er mit seinem ständigen unkontrollierbaren Eroberungsdrang irgendein abgründiges Loch in sich zu füllen versuchte. Ein Trauma aus seiner Kindheit. Dass seine Eltern sich getrennt hatten. Dass auch er sich verlassen gefühlt hatte. Nichts wert. Und dass er daher ständig um Bestätigung buhlte und diese in den Frauengeschichten fand. Ob diese Theorien stimmten oder nicht, es stand außer Frage, dass ich ihm in diesem Moment von meinen Problemen erzählte. Und obwohl die ganzen Klagen mir nicht neu waren, ich war da und hörte zu.

Dafür hat man schließlich einen guten Freund.

PS: Es ist bestimmt ein Klischee, aber aus meiner Erfahrung muss ich leider sagen, dass Frauenfreundschaften irgendwie fragiler sind als die von Männern. Das mag daran liegen, dass Frauen sozialere Wesen sind und daher meist mehr Freundinnen haben als Männer Freunde. Und dass es mit mehr Kontakten eben auch mehr Konflikte gibt. Aber vielleicht sind Frauenfreundschaften zum Teil auch nicht so eng und langjährig, sondern eher kurz, nicht ganz so intensiv, denn «die Liv hat schon komische Einstellungen gegenüber Leben und Partnerschaft, dass die da diese Dreiecksbeziehung führt, über Jahre, die sie total unglücklich macht, aber so sind sie ja, Schauspielerinnen, voll exaltiert und immer so wahnsinnig auf sich selbst bedacht, es geht eigentlich immer nur um sie, wenn wir uns treffen.» – «Aber das ist doch total einseitig, warum trefft ihr euch dann?» – «Weil sie so spannende Sachen zu erzählen hat.»

Außerdem kochen zwischen Frauen die Gemüter oft höher, es gibt schneller Verstimmungen, vielleicht gerade *weil* sie intensiver aufeinander eingehen, anstatt wie wir Männer oft einfach nur schweigend nebeneinanderzusitzen, ins Bier zu starren und so was zu sagen wie «Ach, läuft». Was eine klare Lüge ist und der geübte Freund anhand des Tonfalls sofort als solche erkennt. Auch das ist natürlich ein Klischee, wir Männer reden schon viel offener und ausführlicher miteinander als die Generation meines Vaters. Aber dennoch reicht mir das gerade nicht. Manchmal hätte ich gerne Gespräche wie unter Freundinnen.

PPS: Es mag auch einfach daran liegen, dass es unter Männern, egal wie eng, wie vertraut man miteinander ist, immer noch dieses «Status»-Ding gibt. Wie viel Schwäche darf man zeigen? Schon 'ne Menge. Aber nur bis zu einem gewissen Grad. Dass die Partnerin vielleicht cholerische Anfälle hat, in denen sie einen verprügelt – schwierig. Dass die eigene Partnerin nicht mehr mit einem schlafen will, weil man sie anwidert – schwierig. Aber Depression geht zum Beispiel super. Oder dass man es mit den Frauen nicht so hinkriegt, weil man diesen sehr dummen, sehr krassen Drang hat, erobern zu wollen. Deswegen bleibt man auch nie bei einer, sondern ist sofort fasziniert von der nächsten, was einem zwar viele Frauenerlebnisse, aber nie eine echte Beziehung beschert. In der Hinsicht ist man ein Versager … Solche Schwächen kann man gerne eingestehen – weil sie im Gegenzug auch klarmachen: Ich bin ein ganz schöner Frauenheld.

PPPS: Marc ist ein ganz schöner Angeber. Mal wirklich. Aber er ist mein einziger Freund.

ELFTES KAPITEL, *in dem ich endlich mal wieder steilgehe*

Ich kam langsam zu Bewusstsein und stellte fest, dass ich auf einem gekachelten Boden lag. Er vibrierte im Takt der Musik, die von weit entfernt zu mir rüberschallte. Der Boden war schmierig, die Kacheln waren von einer nassen, schleimigen Flüssigkeit überzogen. Es roch nach Chemie. Und etwas anderem, das meine Nase zunächst nicht entziffern konnte. Aber je mehr die Realität in mein Bewusstsein drang, desto mehr nahm ich wahr, dass sich noch andere Geruchsnoten wie Erdnuss daruntermischten. Genauer: Erdnussflips. Und es roch sauer. Nach Alkohol. Es war Bier. Eindeutig. Und … Urin. Auch eindeutig. Leider. Meine Gedanken reagierten nur in Zeitlupe, aber als ich endlich eins und eins zusammengezählt hatte und begriff, dass ich wohl auf einem Toilettenboden lag, schreckte ich sofort angeekelt hoch.

Keine gute Idee. Meine Hals- und Rückenmuskeln waren völlig überfordert von der plötzlichen Ruckbewegung, ebenso wie mein Hinterkopf, der gegen etwas Hartes, Porzellanhaftes knallte. Vor Schmerz zuckte ich zurück, fiel nach vorne und rammte meine Nase auf die nasskalten Fliesen des Toilettenbodens. Mir schossen Schmerztränen in die Augen, ich wimmerte. Ich lag eingekeilt zwischen Toilettenschüssel, -boden und Klobürste in einer obskuren Embryonalhaltung, angewidert von diesem schrecklichen Ort und angewidert von mir selbst, denn langsam wurde mir klar, dass ich diesen seltsamen Geruch verursacht hatte. Ich hatte mich übergeben. Noch nie in meinem Leben war ich so angeekelt gewesen. Ich wollte fliehen, aber ich konnte nicht, ich war wie der Käfer Gregor Samsa in Kafkas *Die Verwandlung*, ich war hilflos, beschmutzt, ein Wrack, ich wollte nur noch sterben.

Aber zugegeben: Bis eine halbe Stunde zuvor war es die beste Party meines Lebens gewesen!

Mal eine Zwischenbemerkung: NIEMAND benutzt heutzutage mehr das Wort «Digger». Niemand. Und «Mucke» ist auch 1980 ausgestorben. Kurz vor dem «kecken» Kurzhaarschnitt und der «neckischen» Frisur. Heutzutage ist das halt eine «Bi-» oder «Tri-color»-Frisur. Oder nein, eigentlich auch nicht mehr, heute heißt das «Two-Tone»-Schnitt. Aber egal, wie es heißt, diese Frisur ist genauso hässlich wie ein Leopardenmuster. Ich bete, dass Sabine nie auf die Idee kommt, sich eine solche Frisur zuzulegen. Dann werde ich mich scheiden lassen.

Was es auch nicht mehr gibt: das Wort «Disco». Die Etablissements, in denen sich Menschen zum Flirten, Trinken, Tanzen treffen, manche auch zum Drogennehmen, aber alle eigentlich, um eine gute, fröhliche Zeit zu haben, wurden vor meiner Zeit auch noch als Tanzdiele, Schuppen, Tanzbar, Disse oder – auch schlimm – Zappelbude bezeichnet. Gut, dass das wenigstens vorbei ist. Heute heißt es Club.

Aber ich sage immer noch Disco. Warum? Weil ich veränderungsresistent, unflexibel, starrsinnig und einfach alt bin? NEIN. Es ist nur der romantische Gedanke an die tollen Zeiten, die ich in Discos verlebt habe. Und zwar eine Zeitlang jedes Wochenende. Freitags und samstags. Und mittwochs natürlich auch, wenn es sich anbot. Es bot sich oft an. Genauso wie donnerstags die Konzerte. Sonntagabends das Kino. Dienstags dann bei Freunden. Und montags … gut, montags habe ich entkatert. Und Anlauf für die neue Woche genommen.

Mein Gott, was bin ich viel unterwegs gewesen. Und heute?

Da muss ich in meinem Gedächtnis kramen. Vor drei Wochen war ich mal aus. Ein Gartenfest bei einem Arbeitskollegen. Was als rauschendes Sommerfest im frankophilen Flair angepriesen worden war, hatte sich als triste Grillwürstchenveranstaltung mit Bier und lauwarmem französischen Rosé entpuppt. Gut, es hatte eine große Käseplatte gegeben, allerdings war der Käse angesichts der sommerlichen Temperaturen derart zusammengeschmolzen, dass sich irgendwann nur noch eine große zusammenhängende Fettmasse auf dem Tablett befand. Und all das, weil mein Kollege auch noch den Chef eingeladen und den ganzen Abend damit verbracht hatte, ihm Honig ums Maul zu schmieren. Die anderen Gäste, die anbrennenden Würste auf dem Grill, den immer wärmer werdenden Wein, die immer genervtere Stimmung, die zum Erliegen kommenden Gespräche – all das ignorierte er. Es war grauenhaft gewesen.

Und davor? Nellis 40. Aber das war zwei Monate her. Immerhin: Ich war vor zwei Wochen am Sonntag mit Sabine im Kino gewesen. Man könnte meinen: Gut, das ist doch mal was. Aber nein, es war die Nachmittagsvorstellung gewesen. Und die Kinder waren mit. (Es ist übrigens unmöglich, sich familiär auf einen Film zu einigen, der sowohl einen 13-jährigen Jungen als auch ein 10-jähriges Mädchen zufriedenstellt und auch noch in irgendeiner Form die Eltern mitnimmt. *Beide* Eltern.) Je länger ich drüber nachdenke, umso mehr wird mir klar: Unsere Familie fragmentiert. Sie bröckelt langsam auseinander.

Ein Kinderkinobesuch, eine schlappe Grillparty, ein ewig zurückliegender Geburtstag, von dem ich nur noch den Kater am nächsten Morgen in Erinnerung habe – das war die Bilanz der vergangenen Wochen? Wo war das Partytier? Der Rocker? Jan, the Beast? Man muss ehrlicherweise dazu sagen: Die wilden Zeiten waren ja aus guten Gründen zum Erliegen gekommen. Irgendwann wird man Vater, erlebt durchwachte Nächte nur noch neben Kinderbetten oder versucht, sich im Job derart reinzuknien, dass man abends über irgendwelchen Präsentationen und nicht über Drinks sitzt. Und ja, das macht in dieser Lebensphase auch durchaus Sinn. Es gibt da nicht mehr dieses starke Verlangen, die Nächte durchzumachen oder sich im Musik- oder andersgearteten Rausch zu verlieren, diese Lebensphase ist von anderem erfüllt.

Aber jetzt regte sich plötzlich in mir der Wunsch, mal wieder eine Nacht durchzumachen. Etwas Wildes zu erleben, etwas Verantwortungsloses zu tun, mich frei zu fühlen. Kurz: Ich wollte in ein Etablissement, in dem sich Menschen trafen zum Flirten, Trinken, Tanzen, manche auch zum Drogennehmen, aber alle eigentlich doch, um eine gute, fröhliche Zeit zu haben. Aber wie sollte ich das anstellen? Wohin ging man heutzutage? In meinem Alter?

Man ging nirgendwohin.

Das weiß ich inzwischen, denn ich habe es probiert. Als ich letzten Freitag von Marc nach Hause gefahren war, hatte ich einen Umweg über die Ringe gemacht. Beschwingt von einigem Rotwein, war ich plötzlich mutig gewesen, draufgängerisch. Ich wollte es einfach versuchen. Das hier war immer schon das Ausgehviertel gewesen, zumindest der Teil, in dem sich die breite Masse bewegte. Die Studenten hatten einen eigenen Kiez, da wollte ich auf keinen Fall hin, mir war völlig klar, dass ich da altersmäßig nicht reinpasste. Aber die Ringe. Ein Schuppen reihte sich hier an den nächsten, ein Club neben dem anderen. Das Publikum war nicht mein Beritt, nicht nur altersmäßig. Sondern auch so prollmäßig.

Ich stellte mein Fahrrad ab und schlenderte durch die Menschentrauben. Sehr viele junge Männer in Gruppen waren das, ich hörte nur Wortfetzen, und jedes zweite Wort war «Shisha», «Dope» und «auf die Fresse». Ich muss zugeben, ich hatte ein wenig Schiss. Ich versuchte, mir nichts anmerken zu lassen, streckte den Rücken durch und bemühte mich, all die jungen Mädchen in ihren viel zu knappen Outfits nicht zu lange anzugucken. Nicht nur, weil ich befürchtete, dass meine Blicke falsch verstanden werden könnten und sich einer der jungen Männer irgendwie aufgefordert fühlen würde, mich anzumachen. Sondern auch, weil ich unweigerlich an Leonie denken musste und wie sie in ein paar wenigen Jahren abends unterwegs sein würde. In genau denselben knappen Shorts oder Trägershirts oder Miniröckchen. Mir gruselte es. Ich dachte sofort über Hausarrest nach, von jetzt bis sie zwanzig wäre.

Natürlich eine irre Idee. Ich habe meine Tochter zum Glück so erzogen, dass sie souverän mit sich, ihrem Körper, ihrem Selbstbewusstsein umgeht, dass sie es nicht nötig haben wird, sich so zu präsentieren. Hatte ich doch, oder? Ich beschloss, in Zukunft mehr darauf zu achten.

Schließlich stellte ich mich in der Schlange vor einem Club an. Ich hatte keine Ahnung, was mich da erwarten würde, aber wenigstens schienen die Gäste hier etwas angenehmer und weniger prollig zu sein. Ganz im Gegensatz zu dem Türsteher. Der musterte mich irritiert von oben bis unten, sein Gesicht voller Fragen. Mindestens eine davon stellte er mir dann, während sich hinter mir viele ungeduldige Gäste stauten, die schon unruhig mit den Füßen scharrten.

«Willste deine Tochter abholen, oder was?»

«Hä? Nö. Wieso?»

«Verpiss dich.»

Wie ein geprügelter Hund schlich ich von dannen.

Ich war alt. Steinalt.

Nach zwanzig Metern setzte der Trotz ein. Das war eigentlich eine Unverschämtheit! Das war DISKRIMINIERUNG! Jawohl! Wo war die Gleichstellungsbeauftragte, wenn man sie brauchte?

Schnurstracks ging ich zur Tür des nächsten Clubs. Der rote Teppich davor war anderthalb Meter lang und seit Jahren nicht gereinigt worden. Die goldenen Pöller daneben und die rote Samtkette ebenfalls nicht. Genauso der Türsteher. Aber das musste wohl so sein. Er musterte mich irritiert, und gerade als er ansetzte: «Willste …», unterbrach ich ihn, erklärte: «Ja, ich muss jemanden abholen», und blickte ihn herausfordernd an. Er war irritiert. Und beendete dann seine Frage: «… drei oder fünf Jetons?»

«Äh … drei. Nein, fünf! Natürlich fünf, was sonst?!»

Mit fünf Getränkejetons und 25 Euro weniger stand ich dann im Club. Es war laut, Rauch dampfte, eine gigantische Lichtmaschine wirbelte und brachte meine altersweitsichtigen Augen völlig durcheinander. Als ich mich nach ein paar Sekunden leidlich orientiert und erfolgreich den Hustenreiz vom Nebel unterdrückt hatte, trat ich weiter vor ins Dunkle. Beziehungsweise ins Bunte. Ich konnte in dem Lichtergewirr überhaupt nichts erkennen. Als mich plötzlich ein junges, circa zwanzigjähriges Mädchen ansprach, zuckte ich erschrocken zusammen. Denn sie stand *direkt* neben mir. Ich hatte sie nicht bemerkt. Das Mädchen trug ein Nichts von einem Oberteil, Turnschuhe mit Plateausohlen und die engste Jeans der Welt. Sie lächelte.

«Na, Sugar?»

«Äh, hallo.» Ich war völlig irritiert.

Das Mädchen griff meinen Arm. Das ging mir deutlich zu weit.

«Wollen wir was trinken gehen?»

Ich war perplex. War das eine Anmache? Wieso? Das

war doch völlig *falsch*. Zwischen uns lagen Jahrhunderte, sie konnte doch nicht ernsthaft meinen, dass …

«Komm schon. Willst du mein Sugar-Daddy sein oder nicht?»

Ich wollte nicht. Ich wollte nur noch raus. Mittlerweile hatte ich erkannt, dass fast alle Anwesenden in dem halbleeren Club sehr junge, sehr leichtbekleidete Damen waren. Ich hatte nur eine grobe Ahnung, in was für eine Art Etablissement ich da geraten war, genauer wollte ich es gar nicht wissen. Kurz darauf stand ich gefrustet und irgendwie angewidert draußen auf der Straße. Vor allem angewidert von mir selbst. Ich war ein lächerliches Klischee. Ich war blind, unaufmerksam, nur auf mich und meine sprunghaften Gefühle konzentriert, ich blendete alles andere aus, kurz gesagt: Ich steckte wieder in der Pubertät.

Ich ging zu meinem Fahrrad und schob es nachdenklich durch die Nacht nach Hause. Sabine erzählte ich nichts von meinem kleinen Ausflug.

Aber ich fragte Sabine einige Tage später, ob wir nicht mal wieder ausgehen sollten. Ich hätte wahnsinnige Lust zu tanzen.

Sie starrte mich lange wortlos an. Dann sagte sie: «Aber du kannst doch gar nicht tanzen.»

Wie viele Niederschläge kann man noch erdulden? Was sollte das denn heißen? Ich könne nicht tanzen??? Ich bin ein super Tänzer! Ich tanze oft zusammen mit Leonie. Die liebt es, mir vorzutanzen. Stundenlang unten im Wohnzimmer, während ich auf dem Sofa sitze und ihr für die Tänze

Schulnoten geben muss. Und manchmal werde ich auch in ihre Tanzdarbietung miteinbezogen, es gibt Partnertänze, ich bin vor allem für die Hebefiguren vorgesehen. Weder Sabine noch Ben sind ein dankbares Publikum für Leonie und mich, ich habe eher das Gefühl, als würden die beiden einen großen Bogen um das Wohnzimmer machen, sobald Leonie und ich anfangen zu tanzen. Aber ich weiß: Leonie ist eine Verbündete.

Kurz nachdem Sabine mir die Unverschämtheit an den Kopf geknallt hatte, kam meine Tochter ins Wohnzimmer. Sie wollte mir vortanzen. Ich sagte sofort begeistert zu. Dumm nur, dass ich mich neben Leonie aufbaute und mittanzte. Ohne Hebefigur, nein, ich versuchte, Leonies Choreographie nachzuahmen. Ich erntete befremdete Blicke.

«Was ist los?», fragte ich und hielt inne.

«Du bist peinlich, Papa.»

Pffff. Peinlich? Ich? No way!

Gestern schließlich stand ich mit Marc am Rande einer Tanzfläche in einer großen, jawohl, *Diskothek*, irgendwo in einem abgelegenen Außenbezirk der Stadt. Diskothek durfte man vor allem deswegen sagen, weil all die Leute, die da waren, mit diesem Begriff aufgewachsen waren. Sie waren viel zu alt für coole «Clubs», sie waren alle mindestens in meinem Alter, denn schließlich handelte es sich um eine Ü40-Party.

Noch nie hatte ich mich so alt gefühlt!

«Komm, wir gehen», sagte ich zu Marc schon am Eingang.

«DU wolltest doch hierhin», erwiderte er.

«Aber jetzt nicht mehr.»

«Mitgehangen, mitgefangen», sagte Marc, und ich sah ganz genau, wie er mit der Blondine ein paar Meter vor uns in der Schlange ein paar Blicke tauschte. Na toll. Soweit seine Loyalität mit seinem Freund.

Der Sinn einer Party, der Grund, warum Discos, Dissen, Schuppen, Clubs und wie sie alle heißen mögen so toll sind, liegt natürlich nicht nur im Tanzen. Sondern in der lauten Musik, in der Unübersichtlichkeit, in der Menschenmenge, den Blicken, den Flirts, dem Sich-gehenlassen-Können, dem Zerfließen von Raum, Zeit und allen Grenzen. Es geht um das sich Auflösen im Moment. Dazu muss man nicht tanzen, man kann auch am Rande stehen und Leuten dabei zusehen, wie sie sich ekstatisch im Rhythmus der Musik schütteln.

Oder knapp neben dem Rhythmus.

Oder völlig losgelöst davon.

Es kann ziemlich peinlich sein.

Als ich mich drinnen umsah und die ganzen anderen Gäste betrachtete, war ich entsetzt. Ich sah vergehende, in die Breite wachsende Körper, schütter werdende Haare, Bauchansätze wohin man blickte und extrem fragwürdige Kleidungsstile: Vor mir tanzte ein Mann, der bestimmt seit 25 Jahren keine neuen Klamotten gekauft hatte, und sein Stil war immer schon daneben gewesen (Gola-Turnschuhe? Hallo?). Mindestens ebenso fragwürdig waren die Outfits einiger Frauen, die nicht nur beim Schminken in den «Zu viel»-Topf gegriffen hatten. Zu viel Ausschnitt, zu viel Bein oder zu viel Po. Und insgesamt zu viel Enthusiasmus. Schön ist das nicht. Es gibt Momente, in denen ich ein starkes Bedürfnis nach der feinen englischen Art habe, nach Zurückhaltung.

Entsprechend cool baute ich mich neben Marc am Rande der Tanzfläche auf und nippte an meinem Bier. Mit diesen Menschen hier hatte ich NICHTS zu tun. Ich wollte nichts mit ihnen zu tun haben. Ganz im Gegensatz zu Marc übrigens, der sich im Gespräch mit einer – wie ich kaum überhören konnte – Fitnesstrainerin aus Bergheim befand. Das war eine von denen, die zu viel Ausschnitt, zu viel Po zeigten. Natürlich. Aber gut, sie konnte es immerhin tragen. Im Gegensatz zu den meisten anderen.

Als ich mich umblickte, war ich allerdings erstaunt. Obwohl sich alle Gäste rausgeputzt hatten, als gäbe es kein gestern (dabei gab es hier eigentlich nur «gestern») und alle ganz offensichtlich darauf aus waren, jemanden kennenzulernen (warum sonst sollte man auf eine derart obskure Veranstaltung gehen? Wegen der Musik etwa?), ließen ganz viele Leute all ihre Zurückhaltung fallen und sich völlig gehen. Sie achteten nicht mehr auf die Blicke der anderen, nicht mehr darauf, wie sie ankamen, ihre Außenwirkung war ihnen völlig egal, wichtig waren die Drinks, die Bässe, die flackernden Lichter auf der Tanzfläche – Dr. Alban, yeah! Der Nebel, der jetzt zwischen die Tanzenden geblasen wurde. Der Schweiß, der uns allen mittlerweile in Strömen hinunterlief. Noch mehr Drinks.

Dann kam Madonna! Na gut, das war immer schon ein gutes Lied gewesen, erst recht jetzt, von der Postmoderne aus gesehen. Sie als Vorreiterin der Frauenbewegung und so weiter, aber geschenkt: Der Refrain war super. Und dann Rage! Rage Against the Machine! Nie war eine Rhythmussection tighter gewesen, nie hatte es mehr gerockt und dabei gegroovt, nie hatte man mehr headbangen können als zu … Beastie Boys!!! Sabotage!!! Noch mehr Drinks, ich verdurstete. Die Frau neben mir, eine schlanke Blondine und anscheinend die Freundin von der Fitnesstrainerin, mit der Marc beinhart flirtete, stieß mit mir an. Wir exten unsere Kurzen, klebrige Likörschnäpse, die ich niemals gekauft hätte, zumindest nicht freiwillig, aber ich war eben an der Reihe gewesen und musste mich für die vorherigen Runden revanchieren. Monika und ich, wir exten, dann stürmten wir auf die Tanzfläche und tanzten. Schließlich lief Fugees. Wahnsinn! Das galt übrigens auch für das Kleid von Monika. Krass, wie schlank die war, eigentlich ja nicht ganz my cup of tea, sie sprach mit einem gewissen rheinischen Dialekt, nicht schlimm, aber er blitzte manchmal auf und erinnerte mich immer wieder daran, dass sie aus dem Bergischen kam und eigentlich Chefsekretärin bei einer Kreissparkasse war, dass sie ihre Überstunden zählte und zweimal im Jahr in irgendwelche Cluburlaube fuhr. Nicht so mein Ding das alles, aber andererseits schon ein bisschen sexy, wie Moni da ihren Arsch schwenkte zu dem Beat, wie ihre Augen blitzten, wenn sie mich ansah. Wir tranken. Marc stellte neue Schnäpse vor uns hin. Der Beat ging weiter, und seit Ewigkeiten hatte ich nicht mehr so abgerockt, die Nacht war jung und WIR AUCH. Es war alles ganz großartig und wild und hey, warum nicht und …

… irgendwann wachte ich neben meiner eigenen Kotze auf.

PS: Ich habe überlegt, ob ich Marc die Freundschaft kündigen soll. Schließlich hat der mich alleingelassen. Aber er verteidigte sich: ICH sei plötzlich verschwunden, sie hätten alle nach mir gesucht, aber ich sei gar nicht mehr aufzufinden gewesen. Und angesichts meiner Meckerei am Anfang der Party war ja irgendwie naheliegend gewesen, dass ich gegangen sei. Dass ich einen Polnischen gemacht hätte, das war ja früher auch immer so meine Art gewesen. Jedenfalls waren Marc, die Fitnesstrainerin und Moni ziemlich traurig gewesen, schade, schade …

PPS: Anscheinend war Moni sooo traurig gewesen, dass Marc sie trösten musste. Und die Fitnesstrainerin auch! Die drei waren zusammen abgezogen, wie Marc nach einigem hartnäckigen Nachfragen meinerseits schließlich gestand. Zu DRITT!

PPPS: Ich fasse mal zusammen: Während ich hier in einem erbarmungswürdigen Zustand vor mich hin dämmere, muss ich erfahren, dass eine meiner langgehegtesten sexuellen Phantasien mal eben so von meinem besten Freund in die Tat umgesetzt wurde, und zwar während ich mich selbst ins Aus geschossen hatte. Fast entstehen Visionen in meinem Kopf, was hätte sein können, wenn … aber ich bin viel zu erschöpft, ich möchte sterben. Nein, ich habe keinen Kater! Ich habe mindestens eine Leberzirrhose, einen Magendurchbruch, Speiseröhrenkatarrh und Herz-flimmern gleichzeitig. Zudem hängt der Haussegen mit Sabine schief, die ist sauer auf mich und fragt sich – sehr zu Recht –, wie ich mich derart zugrunde richten konnte. Tja, wenn ich das wüsste.

ZWÖLFTES KAPITEL, *in dem ich date*

Ich habe mich mit Marc ausgesprochen. Zwei Wochen lang habe ich darauf verzichtet, ihn zu kontaktieren. Ja, ich war sauer. Irgendwie. Dabei, das muss man ihm zugutehalten, traf ihn eigentlich keine Schuld. Gut, er hatte mich in einem erbarmungswürden, hilflosen Zustand auf der Ü40-Party zurückgelassen und die Gelegenheit genutzt, eine (meine!!!) erotische Traumvorstellung auszuleben. Ich hatte irgendwie meinen Weg alleine nach Hause finden und in den kommenden Tagen eine Stimmungsschieflage zu Hause ausgleichen und moderieren müssen.

«Was ist eigentlich mit dir los?», hatte Sabine ein paar Tage später gefragt.

Wenn ich das wüsste.

Aber ich setzte auf Vorwärtsverteidigung und wies darauf hin, dass ICH Sabine schließlich gefragt hatte, ob sie mit mir ausgeht, aber SIE nicht wollte. Und wenn sie mich begleitet hätte, wäre es nie zu diesem Ausfall gekommen, somit sei sie ja schließlich mit schuld, irgendwie, zumindest ein bisschen.

«Man sollte meinen, dass du mittlerweile alt genug bist, um deinen Alkoholkonsum im Griff zu haben», befand Sabine kühl.

«Habe ich ja auch», erklärte ich und erinnerte sie an letztes Silvester, als sie bei der Party von Claudi und Götz um 22 Uhr von der Sofalehne gerutscht und um 23 Uhr im Nebenzimmer eingeschlafen war.

«Wir haben das schon oft diskutiert, ich hatte einen schlechten Abend. Und Mama war in dem Jahr gestorben, es war alles zu viel ... Aber zumindest bin ich nicht vollgekotzt, nach Urin stinkend und pleite hier morgens um sieben aufgelaufen und habe den Kindern ein Trauma verschafft! Leonie wird deinen Anblick nie vergessen!»

Tja, da hatte Sabine einen Punkt. Das war kein Ruhmesblatt. Aber: Ich war unschuldig! Mir hatte bestimmt jemand etwas in den Drink gemischt! K.-o.-Tropfen oder so.

«Warum sollte *dir* jemand K.-o.-Tropfen in den Drink tun?»

Was sollte das denn heißen?

«Na, um mich ... um mich ...»

«Abzuschleppen? Dich? Da träumst du von!», sagte Sabine und ging aus dem Zimmer. Wie gesagt, der familiäre Friede war brüchig.

Aber Sabines Aussage traf mich – auch wenn sie natürlich einen gewissen Wahrheitsgehalt hatte, schließlich war es denkbar unglaubwürdig, dass mir jemand Drogen in den Drink tun würde, um mich dann abzuschleppen.

Außerdem: Monika mit dem viel zu tiefen Ausschnitt, dem etwas zu grellen Auftreten, ihrem Dialekt, der in mir so wirklich gar nichts Positives geweckt hatte, sondern nur den Impuls wegzulaufen. Monika hatte so gar nicht dem entsprochen, was ich mir unter einer Frau vorstellte, auf die ich mich sexuell einlassen würde. Wenn ich schon einen Seitensprung begehen würde, dann natürlich nur mindestens mit einem Model, zumindest einem ehemaligen Model, das weltgewandt, hochgebildet und auf jeden Fall bestimmt eine Französin oder zumindest frankophil wäre. Und nicht mit einer kleinen Chefsekretärin einer Kreissparkasse aus Bergheim, die ihre Überstunden zählte und zweimal im Jahr in Cluburlaube fuhr und dort die Animation, die Gratis-Longdrinks, die Mallorca-Partys und so weiter genoss.

Also: Nichts gegen Chefsekretärinnen aus Bergheim, und erst recht der Kreissparkassenverband braucht fähige und gute Mitarbeiterinnen. Und auch nichts gegen Cluburlaube und so weiter, sollen sie machen, was sie wollen, gerne und unbedingt – aber leider ist das alles so gar nicht my cup of tea.

My cup of tea ist Sabine, die ich vor langer Zeit geheiratet und mit der ich zwei wundervolle Kinder in die Welt gesetzt habe. Unsere Gespräche, unser gemeinsamer Humor, unsere gemeinsamen Ziele, unser gemeinsames Leben, unser gemeinsamer Sex …

… nur dass ich, wenn ich jetzt darüber schreibe, plötzlich feststelle, dass da in letzter Zeit eigentlich wenig Gemeinsames ist. Gelacht haben wir schon länger nicht mehr zusammen, Sex haben wir erst recht nicht gehabt, und ich habe immer mehr das Gefühl, dass Sabine meine Ziele so gar nicht mehr teilt. Sondern dass sie meine Pläne überkritisch hinterfragt, oftmals belächelt und vor allem in ganz vielen Aspekten verhindert. Sie ist dagegen, dass ich mich weiterentwickle, dass ich neue Impulse entdecke, zu neuen Ufern aufbreche. ALLEM, was ich in letzter Zeit angestoßen oder versucht habe, stand sie kritisch gegenüber. Und in all ihren Bemerkungen, Blicken, Haltungen schwingt eine gewisse Geringschätzung mit, dass ich albern, ungelenk, unattraktiv, unzuverlässig, zu alt, zu unsportlich, zu dick, zu faltig, zu schnarchend, zu unflexibel sei. Wenn ich all das zusammenzähle, dann frage ich mich schon, ob Sabine mich überhaupt noch liebt.

All das erzählte ich Marc, als wir uns zu einem Versöhnungswein trafen. Es dauerte drei Gläser Wein, bis ich mich traute, das auszusprechen. Ich meine, wir sind Männer. Nicht, dass wir nie über Persönliches, Intimes, über Sorgen oder Probleme sprechen würden. Aber es dauert manchmal, bis wir das tun. Zum Beispiel haben wir noch nie über den abgründigen, wunden Punkt in Marcs Seele gesprochen, jene tiefe Verletzung, die er wahrscheinlich seit Kindertagen mit sich herumträgt und die er zu füllen oder überdecken versucht, indem er sich mit wahllosen, gerne unverbindlichen Frauengeschichten umgibt. Dass sein krasser Eroberungsdrang eher was mit einem Mangel in ihm zu tun hat, steht für mich außer Frage. Für ihn auch. Nur ausgesprochen haben wir das noch nie. Wahrscheinlich braucht es mehr als drei Gläser Wein und mehr als dreißig Jahre Freundschaft, bis er so weit ist. Aber okay, ich kann warten, ich hab's nicht eilig. Und es ist ja auch weniger mein Problem als seines.

Ich habe andere Probleme. Nämlich, dass ich an Sabine und mir zweifele, an unserer Ehe. Was ich nun, in abgemilderter Form, auch Marc erzählte. Ich redete darüber, dass Sabine so gar nicht mit mir und meinen Ideen mitging in letzter Zeit und dass ich mich – völlig irritierend für mich selbst – plötzlich zu anderen Frauen hingezogen fühlte: Sophie, der Fußballmutter, Svenja, der Mutter von Leonies Freundin Carla, Elisa vom Yoga oder auch von meiner neuen Kollegin Betty (ihr wacher Humor, ihr leuchtender Blick, wann immer sie den Kopf ins Büro streckt, und natürlich ihre schlanke Erscheinung mit dem tollen Po, wenn ich hinter ihr den Büroflur entlanggehe).

Marc sah mich belustigt an. «Du hast 'ne Krise.»

«Na klar. So was von.»

«'ne Midlifekrise.»

«Ach Quatsch!»

Es ist nur diese seit Monaten andauernde Unzufriedenheit, die mich beschäftigt, diese undefinierbare Sehnsucht nach etwas anderem, diese ganzen Fragen, die ich mir andauernd in Bezug auf mein Leben, meine Ziele und meine Träume stelle. Und dann diese seltsame Sache mit den anderen Frauen, es war, als ob man mir plötzlich einen Schleier vor den Augen weggezogen hätte, als ob ich plötzlich die Welt da draußen deutlicher sehen würde. Als ob ich erstmals feststellen würde, dass es etwas *anderes* da draußen gab, etwas, das ich vorher völlig ausgeblendet hatte. Vorher hatte es nur Sabine gegeben. Und das war richtig gewesen. Und gut. Und ich war glücklich gewesen.

Aber jetzt?

«Du steckst in 'ner Midlifekrise und suchst das Abenteuer. Dann nimm es dir eben.»

«Quatsch! Nein! Auf keinen Fall! Ich will nicht so ein Klischee sein wie all die anderen Typen in meinem Alter. Ich fange keine Affäre an. Ich mache keinen Seitensprung, keinen One-Night-Stand …»

«Genau. Weil du vorher kotzt und ohnmächtig wirst.»

«Jetzt hör auf, red mir nichts ein. Ich brauche das nicht!»

«Vielleicht nicht. Und ich rede dir nichts ein. Ich will nur sagen: Es wäre einfach natürlich, dass du nach all den Jahren in einer sehr langen Beziehung irgendwann auch mal an etwas anderes denkst.»

«Sagst du, weil du IMMER an etwas anderes denkst.»

«Stimmt.»

«Nicht jeder ist ein Eroberer, Marc.»

«Zum Glück. Das wäre ja auch traurig.» Er hatte diesen melancholischen Blick. Für einen Moment sah er aus, als würde er sich etwas Schwieriges von der Seele reden wollen. Aber dann schwieg er doch.

«Ich mache das nicht, Marc.»

«Gut so», nickte er, «vollstes Verständnis. Das ehrt dich. Meine kleine bescheidene und zugegeben nicht ganz konfliktfreie Persönlichkeit im Hinblick auf Sexualität und Treue würde dir allerdings dazu raten. Erstens: Eine wie auch immer geartete sexuelle oder amouröse Erfahrung außerhalb deiner Ehe würde in jedem Fall Effekte auf eure Partnerschaft haben.»

«Na klar, Sabine würde mich rausschmeißen. Noch mal: Ich will das nicht!»

«Das wäre *ein* Effekt womöglich, ja. Nicht der beste, würde ich sagen. Aber es würde dich auch zum Nachdenken bringen, zum Umdenken, dir vielleicht zeigen, wie wichtig dir deine Ehe, deine Beziehung ist.»

«Das weiß ich doch jetzt schon.»

Marc lächelte milde.

«Sei doch mal ehrlich: Du denkst die ganze Zeit an nichts anderes. Du bist fasziniert von anderen Frauen, stellst dir Tausende Dinge vor, fühlst dich getrieben, machst Sport, damit du besser aussiehst, kaufst dir aus demselben Grund dauernd neue Klamotten und stellst dich auf fahrbare Untersetzer, die eigentlich für Fünfzehnjährige gedacht sind, aber nicht für Männer in deinem Alter, die sich plötzlich in ihrem Leben gefangen fühlen und nur noch eins wollen: ausbrechen.»

Wow. Danke, Marc.

«Und deswegen, weil ich weiß, dass du längst auf der abschüssigen Bahn bist, dass der Lkw schon längst langsam ins Rollen gekommen ist und auf die Klippe zurast …»

«Was für ein Schwachsinn, Marc!»

«Würdest du mir das sonst echt alles erzählen? So direkt? Ich könnte sofort zu Sabine gehen …»

«Du bist mein Freund!?»

«Ich bin auch euer beider Trauzeuge.»

«Du Arsch.»

«Ich will nur sagen: Es wird dich nicht loslassen. Egal, was du dir und mir hier erzählst. Dann tu es eben.»

«Was für ein weiser Rat. Wo ist dein langer weißer Bart, Gandalf?», fragte ich spöttisch.

«Du wirst danach merken, was dir wirklich wichtig ist», sagte Marc.

«Genau. Wenn ich auf der Straße in der Gosse lande und meine Ehe auf dem Gewissen habe. Das wäre vielleicht ein wenig spät, meinst du nicht?»

Marc wischte meinen Einwand beiseite. «Und zweitens: Wenn du es tust – tu es nicht in deiner Nachbarschaft. Oder im Bekanntenkreis.»

Natürlich. Der Aufreißer wusste, wovon er sprach.

Tinder war eine interessante Entdeckung.

Anders gesagt: Tinder war eine völlig überwältigende, verstörende, obskure, oft lustige, zum Teil abgründige, beängstigende, absolut mitleiderweckende Erfahrung. Tinder war ein verqueres Spieleparadies, ein Bällebad für Erwachsene mit schrägem Sinn für Humor. Ohne den konnte man das nämlich nicht durchstehen. Aber natürlich war Tinder auch absolut großartig.

Als ich die App am Tag nach meinem Gespräch mit Marc runterladen wollte, fiel mir auf, dass das für Probleme sorgen könnte. Bislang war mein Handy nicht mit einem Code gesichert, und Sabine und die Kinder konnten darauf zugreifen. Warum auch nicht, ich hatte nichts zu verbergen. Bislang. Ich richtete einen Code ein – das war ja auch viel sicherer. Was, wenn ich mein Handy verlieren würde? Wenn irgendwelche Diebe auf meine Daten zugreifen würden? Fahrlässig war das doch. Am Abend sprach ich das Thema beim Essen an und drängte Sabine und Ben eine Verschlüsselung auf. Sie waren nicht wirklich begeistert, konnten meine Argumente allerdings nachvollziehen. Damit war das Thema gesetzt und jeder Verdacht zerstreut.

Ich wunderte mich über mich selbst, wie viel kriminelle Energie ich aufbrachte. Mit welchem Vorsatz ich vorging, um meine Frau zu belügen. Aber – ich wollte nur spielen. Es würde zu nichts kommen. Ich wollte nur mal ausprobieren, wie das so war mit Tinder. Diese App und das damit anscheinend so veränderte Datingverhalten hatten mich schon seit langem fasziniert. Die Zeitungen und Magazine (ja, ich bin noch jemand, der analoge Schriften liest) waren seit Jahren voll davon. Anscheinend führte heutzutage kein Weg mehr drum herum, wenn man jemanden kennenlernen wollte.

In meiner Jugend konnte man potenzielle Partner noch im Café, in der Kneipe, im Park, im Bus, einfach *irgendwo* ansprechen. Heutzutage wird man sofort als Perverser eingeordnet. Zumindest legen das meine Erfahrungen nahe. Als ich vor ein paar Wochen diese hübsche Frau beim Bäcker angesprochen und mit einem freundlichen Scherz über ihre Jogginghose bedacht habe, habe ich nur hochgezogene Augenbrauen kassiert, und sie war schnell weggegangen. Natürlich ist mir klar, dass Yogahosen in der Öffentlichkeit derzeit zum allgemeinen Modestil gehören, vielleicht hatte mein Scherz auch nicht so recht gezündet (ich wiederhole ihn jetzt nicht noch mal, er war tatsächlich peinlich missverständlich und ich laufe rot an, wenn ich dran denke), aber gut, Tinder muss es wohl sein, heutzutage. Oder Grindr, wenn man homosexuell ist. Und es gibt anscheinend auch noch andere Apps und Plattformen, auf denen man sich sofort zu unverbindlichem Sex verabreden kann. Aber das ist nichts für mich. Ich will nur … Tja, was will ich?

Ich will einfach nur etwas Elektrizität in mein Leben holen, ein bisschen Spannung, ein bisschen Aufregung. Etwas Abwechslung. Einen Kick. Etwas, das mich in diesen ruhigen, ewig bestehenden, gemächlichen Bahnen, die mein Leben bedeuten, befeuert. Und ja, ich will meinen Marktwert testen. Denn das, was mir von Sabine signalisiert wird im Hinblick auf meine Attraktivität, meinen Sex-Appeal, mein Aussehen ist wenig ermutigend. Und steht im krassen Missverhältnis zu meinem Selbstbild. Denn hey – ich mache Sport! Ich bin gelenkig wie nie zuvor. Ich habe abgenommen. Ich trage coole Klamotten. Bin offen, bin wach, bin charmant. Ich bin ein cooler Dude. Und Dadbods – also Körper von erwachsenen, gestandenen Männern, bei denen man die früher so starken Muskeln noch deutlich erahnt, obwohl die Herren mittlerweile ein kleines Bäuchlein haben – sind groß en vogue. Also tatsächlich in der *Vogue*, ich hatte letztens beim Friseur in eine reingeschaut. Und in *Glamour*. Und sogar in der *Freundin*. Und wenn ich mit einem dienen kann, dann war das ein Dadbod.

Aus dem Grund installierte ich Tinder.

Das erste Mal zu tindern, fühlte sich an wie Abiturprüfung, Weihnachten, Gehaltserhöhung und Sprung vom Zehnmeterbrett zusammen. Also, so adrenalinmäßig gesehen. Zuerst lernte ich, dass ich ein Profil anlegen musste. Ich verzichtete auf meinen richtigen Namen, war versucht, mich einige Jahre jünger zu machen, unterließ es dann aber und suchte auf meinem iPhone ein paar Fotos, auf denen ich möglichst attraktiv aussah. Schon da fingen die Probleme an.

Denn es gab so gut wie keine Fotos von mir. Ich fand Fotos von den Kindern, von Sabine, von meinem Fahrrad, vom Longboard und zwei, drei Bilder von mir im Urlaub, auf denen ich schmerbäuchig und schlecht gelaunt in die Gegend stiere. Kein einziges gutes Foto von mir!

Die Erkenntnis, dass ich in dieser Familie alle hoch und runter fotografierte, dass ich selbst aber nie abgelichtet werde, stieß mir sauer auf. Wieder einmal dieses fiese Gefühl, dass ich von allen ignoriert werde, außer es geht ums Taschengeld. Oder um die Steuer. Oder den Reifenwechsel. Oder darum, wer den Müll rausbringt.

Ich machte ein paar Selfies. Nachdem ich meine besten Klamotten angezogen, den Bart getrimmt, die Haare gerichtet und mir Creme ins Gesicht geschmiert hatte. Ich wollte gut aussehen. Tatsächlich gelang es mir, unter den fünfzig Fotos, die ich draußen im Park machte, drei rauszufiltern, auf denen ich leidlich in Ordnung aussah. Rein in mein Profil. Endlich. Jetzt konnte ich loslegen!

Aber ich verstand gar nichts. Wofür waren diese Buttons? Was bedeuteten die Symbole? Wie funktionierte das alles? Wo war die intuitive Benutzerführung, die man von Apple-Geräten kennt? Oder war ich einfach nur zu doof?

Ich war zu doof.

Als Erstes wischte ich in meiner Überforderung die schönste Frau der Welt nach links, woraufhin sie im Orkus verschwand, für immer. Denn das war nicht rückgängig zu machen, wie ich bitter lernte, es sei denn, ich würde in die

Bezahlversion der App wechseln. Was ich natürlich nicht tat. Ich war ja nur, äh … *zufällig* hier. Geld zu bezahlen, wäre ein falsches Signal gewesen. Ich schaute hier nur vorübergehend vorbei. Wirklich!

Danach erteilte ich einer sehr dicken Katzenliebhaberin aus dem Bergischen Land, die anscheinend über eine große Sammlung von Didl-Mäusen, unzähligen aufbauenden Spruchweisheiten über das Leben und einige desolate Erfahrungen mit Männern verfügte (das konnte man alles in ihrem kurzen Profil lesen), ein Superlike.

Superlikes, das muss man wissen, sind besondere Likes, die man einmal am Tag vergeben kann und die signalisieren: «Du bist die tollste, beste, heißeste Frau hier.» Superlikes verteilt man mit dem blauen Stern, auf den ich einfach nur so mal gedrückt hatte. Google half mir weiter, die App zu verstehen. Und machte mir auch klar, dass man Superlikes nicht zurücknehmen kann. Na gut, sei's drum. Sollte sich Mandy eben darüber freuen. Hatte ich ihr den Tag gerettet. Denn sie sah nicht aus, als würde sie viele Likes bekommen. Erst recht keine Superlikes.

Wer übrigens auch keine Likes bekam? Ich. Nicht mal ganz normale, kleine, süße, unschuldige, winzige Likes.

Nicht mal von Mandy!!!

Woran das lag? Keine Ahnung. Vielleicht daran, dass ich einen falschen Radius angegeben hatte? Ich ließ mir nur Frauen innerhalb von fünf Kilometern anzeigen. Oder daran, dass ich eine Altersspanne angegeben hatte (nicht freiwillig, sondern weil ich danach gefragt wurde). Und nun gut, vielleicht hatte ich die mit vierundzwanzig bis neununddreißig etwas niedrig angesetzt, aber hey – ich war offen, ich wollte schließlich jüngere Menschen kennenlernen, ich wollte neue Weltsichten. Und ja, ich wollte auch jüngere, attraktivere, schlankere, knackige Frauen kennenlernen. Sonst hätte ich ja auch zu Sabines Literaturkreis gehen können.

Wo war eigentlich mein Unrechtsbewusstsein? Mein moralischer Kompass? Woher kam diese Überheblichkeit? Ich hatte keine Ahnung.

Aber ich kniete mich rein, ich las Profile, klickte durch Bilder und wischte und wischte. Nach rechts, nach links. Und ich wartete, bis ich endlich mal ein Match hatte. Vielleicht war meine App kaputt? Denn nichts tat sich.

Immer noch kein Like von Mandy und ihren Katzen und Didl-Mäusen! Ich hätte eigentlich mit einem sofortigen Heiratsantrag von ihr gerechnet! Aber stattdessen: Stille. Absolute Stille.

Als ich schlecht gelaunt nach Hause kam, fragte mich Sabine, wo ich denn gewesen sei. Denn anscheinend war ich dreieinhalb Stunden weg gewesen. Spaziergang im Park, log ich.

«Du hasst Spaziergänge», sagte Sabine trocken, womit sie eindeutig recht hatte. Aber zum Glück fragte sie nicht weiter, sondern schickte mich mit dem Auftrag weg, die leeren Weinflaschen zum Container zu bringen. Mein kurzzeitiger Vorsatz, wenig Alkohol zu trinken, war ja ein Gedankenspiel geblieben. Und jetzt trank ich mehr denn je. Diese eine Woche mal ausgenommen, die ich gebraucht hatte, um mich von der Ü40-Party zu erholen. EINE WOCHE!

Als ich am nächsten Tag in einem ruhigen Moment die Tinder-App erneut öffnete, wischte ich wieder, diesmal aber konzentriert und mit mehr Überblick. Mit neuem Entfernungsradius und einer anderen Altersstruktur.

Ich machte interessante Erfahrungen. Etwa, dass sich hinter *allen* Fotos von jungen, attraktiven Frauen, die sehr viel Ausschnitt zeigen, sich auf Betten rekeln und knackige Pos in die Linse strecken, Escort-Damen verbergen. Klickt man nur ein Foto weiter, erscheint sofort die Nachricht: «Escort – privat, intim, zu deinem Vergnügen.» Unfassbar – Tinder war ein Puff!

Tinder war auch ein asiatischer Puff. Oder warum wurden mir so viele Asiatinnen angezeigt, die auf Sportwagen, vor Chanel-Läden oder an subtropischen Pools posierten, die alle «Busness-Ownerinn» waren, autark, selbständig – aber garantiert nicht die 25 Kilometer entfernt, die ich als Radius eingestellt hatte. Was würde passieren, wenn man so jemandem kontaktierte? Ich hatte keine Ahnung, konnte mir aber nichts Positives vorstellen.

Tinder war aber auch ein Sammelbecken für Verzweifelte, Enttäuschte, Herzgebrochene. Teilweise kam das zwischen den Zeilen eher subtil heraus, teilweise scheuten sich die Frauen aber auch nicht, dies offen kundzutun. «Mein Herz ist in tausend Stücke zersprungen! Ich suche jemanden, der die Teile wieder zusammensetzt!» Wer bitte antwortet auf so eine Anzeige? Wo doch klar ist, dass es da noch einen Expartner, eine tiefe Enttäuschung, eine große Wunde gibt und definitiv keine Chance auf einen unbelasteten Neustart? (Marc tat das manchmal, wofür ich ihn sofort verachtete, als er mir davon berichtete. Er spielte mit den Gefühlen dieser armen, traurigen Seelen. Widerlich.) Aber manchmal versteckten sich auch kleine pragmatische Weisheiten: «When life shut's a door ... open it again. It's a door ... that's how they work.»

Tinder war außerdem eine große Liste von Dos and Don'ts. Es gab Frauen, die strenge Regelwerke aufstellten, nach denen sich potenzielle Flirtpartner zu richten hatten. Keine ONS! (Ich brauchte etwas, bis ich verstand, dass das One-Night-Stand bedeutet. Mein Gott, was bin ich alt und analog.) Keine Trophäenjäger. Keine Freundschaft plus und so weiter. In Ordnung, das konnte ich ja alles nachvollziehen. Man wollte eine Beziehung, etwas Ernstes. Verständlich.

Aber keine Fleischesser? Keine Raucher? Keine Kinder? Kein Ruhrgebiet? (Bitte was? Warum das nicht? Was steckte denn dahinter? Schlechte Erfahrungen mit Leuten aus Essen/Dortmund/Bottrop? Oder durfte sich diese selbstbetitelte «Traumfrau, 44» selbst dem Ruhrgebiet nicht mehr nähern?) Und weiter: keine Narzissten, Couchpotatoes, Dauersportler, Kalorienzähler, Klammeraffen. Und auch kein «Rosenkohl».

«Keine AIDACruise.» «Kein Calaratjada.» Und: «Wenn dein Urlaub aus 2 Wochen All-Inclusive besteht, swipe bitte weiter.» In Ordnung, würde ich auch machen.

«Keine BBB.» (Was ist das??? Bauch, Beine, Bo?)

Und was verdammt war «Kein FWB»? (Ach so, Freundschaft plus, aha. Nun gut, man könnte auch schreiben, dass man eine ernsthafte Beziehung sucht.) Aber bleiben wir beim Negativen:

«Keine Piercings, Kurzarmhemden, Landschafts-, Pool-, Fahrzeug- und Kinderbilder bei Tinder. Denunzianten.» Und: «Keine Netflixaufdercouchvergammler, Hemdindiehosestecker, Nichtleser, Frühaufsteher, Durchdentinderkatalogvögler, Umsichselbstkreiser …»

Interessant auch: «NICHT abergläubisch.» Warum durfte man nicht abergläubisch sein? Auf wen war die Frau reingefallen, dass sie das als Kriterium aufstellte? Ich würde gar nicht erst auf die Idee kommen, so was als Kriterium zu nennen.

Andere formulierten es knapper: «Ich suche keinen Mann, der meine Probleme löst. Wenn der Mann nicht das Problem ist, würde das schon reichen.»

Aber es gab nicht nur Ausschlusskriterien (selten so viele «Keine …» auf einem Haufen gelesen), sondern auch Vorschriften: «Gerne auch Tattoos und ein bisschen badboycharme, Single, IQ und EQ über 100, positiv und optimistisch.» «Healthy Lifestyle!» «Positive thinking!» Und: «Suche einen Mann, der keine Angst vor Frauen hat, die Weightlifting lieben und handwerklich begabt sind.» (Diese Anzeige machte mir Angst. Ich bin ein Weichei. Und ich habe so viele traumatische Erfahrungen im handwerklichen Bereich gemacht, dass ein Baumarkt schon beim Vorbeifahren einen erhöhten Puls bei mir auslöst.)

Eine andere suchte «mutige Abenteurer, liebevolle, ausdauernde, aufbegehrende, unbedingt gutriechende (!!!), große und starke Kulturinteressierte». Das fand ich fast charmant, ich musste daran denken, dass Sabine auch dieses Geruchsding hat. Bei fast allen Tests zu Dufterkennung und Riechgedächtnis schneiden Frauen deutlich besser ab als Männer. Es scheint etwas mit den Hormonen zu tun zu haben, so ganz zu Ende erforscht ist das aber noch nicht.

Mir war allerdings klar, dass Sabine mir seit Ewigkeiten nicht mehr gesagt hatte, dass ich gut rieche. Eher das Gegenteil. Ebenso wie diese Frau hier: «Please guys, clean your teeth. No bad breath.» Das schien ihr so wichtig zu sein, dass sie das als *einzigen* Satz unter ihre Fotos gestellt hatte. Sonst hatte sie wohl keine Anforderungen und Wünsche. Andere waren genauer: «Melde dich nur, wenn Umweltbewusstsein für dich eine Rolle spielt.»

Eine Grundfrage hatte ich. Um eine der Damen zu zitieren: «Warum sagen die hier alle, wie groß sie sind?» Das wollte ich auch gerne wissen. Klar, es wurden des Öfteren Männer über 1,80 gewünscht, und dass Frauen ihre Größe hinschrieben, sobald sie selbst groß waren – geschenkt. Aber warum stand da manchmal «1,69»? Das war doch in Ordnung, das war doch weder zu groß noch zu klein. Warum hinschreiben? Tinder war voller Rätsel.

Was bedeutete bitte «Gesucht wird HHH»? Ein Haus in Hamburg-Harvestehude? Ich musste googeln und fand heraus: Die Dame meinte wohl *Hash House Harriers*, was eine internationale Vereinigung von nichtkompetitiven Lauf-, Sozial- und Trink-Clubs bezeichnet. Gemeinsam joggen und sich danach betrinken? Ein interessantes Konzept, ich wäre dabei.

Tinder war aber auch voller Eindeutigkeiten. Es gab klare Angebote: «Hab schon was Festes, suche was Lockeres.»

DAS war ja auch mal 'ne Ansage. Hier lockte sofort der unverbindliche Sex!

Woanders eher nicht: «Ach so, ich schaue hier tatsächlich nach interessanten Menschen. D.h. Sex habe ich definitiv genug. Und glaub mir, ich kann auch zu dir tollem Hecht ‹Nein› sagen. Du bist hier nichts Besonderes, genauso wenig wie ich.» Das waren definitiv mehrere Ansagen in einer. Aber ... hatte sie eine Beziehung und wollte etwas anderes, jemand Spannenden, Neuen kennenlernen? Ging es ihr eventuell wie mir? Ich war kurz versucht, ihr zu schreiben, aber dann stellte ich fest, dass a) ich ihr gar nicht schreiben konnte, das ging erst, wenn wir ein Match hätten. Und b) dass sie 27 war und damit, wollen wir ehrlich sein, doch irgendwie zu jung. Und außerdem ... ich wollte Sex.

Womöglich.

Zumindest würde ich das nicht absolut ausschließen.

«Verbundenheit ohne dauerhafte Beziehung» – was meinte die damit? «Körperliche und geistige Vereinigung, aber trotzdem einzigartig bleiben.» Ach so. Eine andere formulierte umstandslos: «Bei Langeweile hilft am besten ...» Es folgten Emoji-Banana, Emoji-Pfirsich und der peinlich berührte Affe. Hatte sie etwa Sex von hinten angeboten???

Puh, mir schwirrte der Kopf. Aber ich lernte neue Dinge, nicht nur das Dechiffrieren von Abkürzungen, sondern auch Ausdrücke wie «breitspektral» (keine Ahnung, was die Frau damit einem potenziellen Flirt sagen wollte, so ganz klappte es mit dem Dechiffrieren doch noch nicht) oder eben so wunderbare Worte wie «heliophil», was eigentlich sonnenliebend bedeutet und ich sofort in meinen Sprachgebrauch übernehmen würde.

Apropos Sprache: «Ich suche eine feste Beziehung mit einem Mann, der ein (sic!) akademischen Hintergrund hat.» Womöglich einen, der auch Rechtschreibung beherrscht? Das wurde offenbar des Öfteren gewünscht. Etwa hier: «Du: sprichst fließend ironisch bis sarkastisch. Subjekt, Prädikat & Objekt sind dir geläufig.» Oder aber auch: «Ich suche ein guter Mann nur für Unterhaltung wegen meine Sprache.» Tinder ist definitiv nichts für Deutschlehrer, die dürften bei all den grammatikalischen Unsicherheiten und Tippfehlern verzweifeln.

Es gab ganze Reihen von Emoticons, die die Persönlichkeit der Frauen bebildern sollten, die aber – zumindest für Leute wie mich mit beginnender Altersweitsicht – unfassbar schwer zu entziffern waren und eigentlich genauso wirkten wie die WhatsApp, die Leonie mir schrieb: eine endlose Anzahl von völlig willenlos dahingezimmerten Emoticons, die eigentlich nur eins aussagen sollten: «Bitte, Papa, darf ich …?»

Also, bei Leonie war das so. Was die Frauen auf Tinder betraf, war das bestimmt etwas anderes. Aber ich hatte weder Zeit noch Lust, mich für eine Viertelstunde hinzusetzen und die Emoticons zu dechiffrieren. Eine Frau postete ein Foto von Ethan Hawk im Unterhemd. Warum??? Ich sehe so gar nicht aus wie Ethan Hawk und wirke in Unterhemden eher wie einer der Straßenbauarbeiter unten an der Ecke. Nein, ich würde sie nicht liken.

Auch weil ich all diese Vorschriften ablehnte. Das war

härter als jedes Bewerbungsverfahren. Und völlig fern der Realität! Wenn man sich verliebt, dann ist es doch scheißegal, ob jemand Fleisch isst, Bergsteigen mag, einen schlechten Musikgeschmack oder Kinder oder Katzen hat, dann ist das alles doch einfach wahnsinnig unerheblich. Es zählt doch auch nicht, ob der Partner den perfekten Körper hat, ganz im Gegenteil: Vielleicht mag man die zu dicken Oberschenkel, die paar Falten, die zu große Nase, was auch immer. Vielleicht findet man gerade das sexy. Ich für meinen Teil habe ein mir unerklärliches Faible für große Nasen.

«Kommst du mit mir mit? Ganz unkompliziert. Am liebsten zusammen bis ans Ende.» (Nicht, dass hier irgendwie Druck aufgebaut würde …) «Ich suche meinen Seelenverwandten …» «Scheiß auf Pferdestehlen, raub mir den Verstand.» Und: «Jmd auch Lust, neuzustarten, Vl iwohin auswandern oder so was.» Super, der würde ich schreiben. Na klar, es gibt nur ein verpixeltes Foto von dir, aber hello, natürlich bin ich bereit, aufzubrechen und auszuwandern, wann wollen wir los? Morgen? Ach nee, warte, da hab ich einen Arzttermin. (Prostata übrigens, eine Kontrolluntersuchung, zu der mich Sabine gezwungen hatte. Ich hatte große Angst.)

Angst hatte ich auch vor dieser Kandidatin: «Mal nicht den Teufel auf dem, der als Rebell geboren ist.» Bitte was??? Wovon spricht sie? Und warum achtet sie nicht auf Rechtschreibung? Gleiches Recht für alle!

Es gab unzählige befremdliche Erfahrungen: Ich sah eine Frau in einem Ganzkörperhasenkostüm!!! Darunter der Satz: «Deine psychologische Störung sollte diagnostiziert UND in Behandlung sein.» (Gut, das war schon wieder lustig.) Oder «Nina.playmate, Alter 25», die halbnackt mit einer Schlange posierte und «Mistress lifestyle, looking for a sugar» postete.

Tinder war eine obskure Veranstaltung. Ich war angewidert, irritiert und fand das, was ich da las, unfassbar schräg. Aber genau deswegen auch: unfassbar interessant. Es war, als ob sich mir ein Paralleluniversum eröffnet hätte. Ich war gebannt, gefesselt und verbrachte in den kommenden Tagen immer mehr Zeit auf der Plattform. Denn oftmals war es auch wirklich lustig. Was bitte macht ein «Quallenforschungsinstitut» ausgerechnet in Düsseldorf?

Ich sah eine andere Frau, die – keine Ahnung, wie sie das technisch hingekriegt hatte – eine ganze Bilderwand von Männern postete, die ALLE auf ihren Tinderfotos mit einem frisch geangelten Fisch posierten. Wer zum Teufel tat so was? Also, ich meine die Männer? Eine andere Frau schrieb: «Don't like: Lies, aubergines, pessimists, cardrivers incapable of the Reißverschlussverfahren», was ich so nett fand, dass ich sie sofort likte. Ich sah eine Frau, die sympathisch, offen und nett schien und die einfach nur schrieb: «Seid nett zueinander.» DAS fand ich nett. Ich likte sie.

Bald hatte ich einen emotionalen Kater. Was hatte ich getan? Ich hatte Stunden auf einer Plattform verbracht, auf der es darum ging, andere Frauen kennenzulernen. Ich hatte gewischt und gelikt und war abgetaucht in Beschreibungen, Bilder, Vorstellungen, war aufgegangen in dem Drang, dort immer mehr Frauen zu sehen, zu liken, weiter zu wischen, hier noch ein Versprechen, eine noch attraktivere

Frau, eine noch witzigere, es war fast eine Sucht. Während ich wischte, vergaß ich alles um mich herum. Ich vergaß Sabine. Meine Ehefrau. Meine Familie. Ich kreiste nur um mich selbst, blendete alles andere aus. Was war ich bloß für ein Mensch? Warum war mir das passiert? Plötzlich war es da, das schlechte Gewissen, es kroch in mir hoch wie Gänsehaut an den Armen, bis oben in mein Gehirn, ich wurde knallrot (zumindest innerlich). Ich schämte mich.

Ich würde Tinder löschen.

PS: Morgen lösche ich Tinder. Ich will nur noch mal schauen. Mein Gott, andere spielen auch Computerspiele. Und nichts anderes ist das hier.

PPS: Okay, übermorgen lösche ich Tinder. Ich möchte nur mal wissen, wie das ist, wenn man ein «Match» hat. Aber dann mache ich's weg!

DREIZEHNTES KAPITEL, *in dem ich Sex habe*

Sex. Wie war das noch mal? Beziehungsweise, *was* war das noch mal? Nun gut, das ist übertrieben. Natürlich haben Sabine und ich noch Sex. Aber eher … selten. Das liegt nicht unbedingt daran, dass wir einander nicht mehr attraktiv finden. Also gut, wollen wir ehrlich sein: Wir finden uns weniger attraktiv als zu Anfang unserer Beziehung. Da sind wir gar nicht aus dem Bett rausgekommen. So weit, so Klischee. Aber so toll auch.

Man darf nicht vergessen, dass Sex weitaus mehr ist als die körperliche Vereinigung. Warum Menschen miteinander Sex haben, hat unterschiedlichste Gründe. Es gibt darunter auch sehr unappetitliche Gründe, aber meist geht es doch darum, Nähe aufzubauen, zu zeigen, wiederherzustellen. Es geht darum, Bestätigung zu finden. Sich attraktiv zu fühlen. Sich einander nah zu fühlen. Sich einander zu versichern.

Letzterer Punkt fällt auf gewisser Ebene weg, wenn man miteinander verheiratet ist und ein gemeinsames Leben aufgebaut hat. Aber natürlich sollte man auch dann darauf achten, sich einander zu vergewissern. Bist du noch da? Mögen wir uns noch? Lieben wir uns noch? Sind wir einander immer noch nah? Sex ist wichtig, will man Zusammenhalt demonstrieren, will man Vertrauen bestätigen, will man dem anderen sagen: Du und ich, das geht klar. Auch nach vielen Jahren Beziehung oder Ehe ist das wichtig. Vielleicht wichtiger denn je.

Aber.

Sex ist nicht nur ein emotionales Schmiermittel. Sex ist auch etwas Körperliches. Zumindest in den meisten Fällen. Doch nicht immer spielen die Körper so mit, wie wir wollen. Und ich rede nicht von Erektionsstörungen.

Etwa ab dem 40. Lebensjahr nimmt der Testosteronspiegel beim Mann von Jahr zu Jahr ab. Das ist bedingt durch äußere, aber auch innere Einflüsse wie etwa Stress. Das biologisch aktive Testosteron, das unter anderem von den beiden Blutwerten SHBG (Sexual Hormon Binding Globulin) und Albumin (ein Bluteiweiß) abhängig ist, sinkt. Das ist nicht so gut, denn dummerweise steigert Testosteron die Libido, also den Drang und Wunsch nach Sex. Das Gegenteil passiert übrigens nach befriedigendem Sex – der Testosteronspiegel sinkt rapide ab. Daher sollten Fußballer vor dem Anpfiff zum Beispiel keinen Sex haben. Und auch die sogenannte Muhammad-Ali-Kur ist nicht vorteilhaft: Denn nach mehrwöchiger Enthaltsamkeit sinkt der Testosteronspiegel.

All das würde erklären, warum ich in den vergangenen Jahren so wenig Lust auf Sex gehabt habe. Eben WEIL ich keinen Sex hatte. Denn unser Körper ist so eingestellt, dass er umso mehr Testosteron produziert, je mehr er verbraucht. Also müsste ich meinen Körper animieren, mehr

Testosteron zu produzieren, indem ich mehr davon ver-
brauche. Sollte ich mich zum Sex zwingen? (Und übrigens
ist da ja auch Sabine und ihr Wunsch nach Sex eine Kom-
ponente, aber dazu gleich mehr.) Sollte ich vielleicht heimlich onanieren, um das Ganze wieder anzukurbeln?

Hm, anscheinend erhöht auch ein nicht übermäßig langes Kraft- oder Ausdauertraining den Testosteronwert. Männer werden durch Sport frischer, dynamischer und schlafen
besser – und auch ihre Libido profitiert. Voilà.

Das würde erklären, warum ich in letzter Zeit mehr Lust
auf Sex habe.

Was uns zu Sabine führt. Es gibt übrigens verschiedene
Krankheiten, die zu einer verminderten Libido führen
können (bei Männern wie bei Frauen): Leberzirrhosen, Nie-
renschwächen, Diabetes, Herz- und Gefäßkrankheiten, Depressionen und natürlich auch der Gebrauch von Medika-
menten und die damit unter Umständen einhergehenden
Nebenwirkungen. Bei Frauen stellen in den Wechseljahren
die Eierstöcke allmählich die Östrogenproduktion ein. Dadurch sinkt der Pegel der weiblichen Sexualhormone – wo-
durch oft die Libido nachlässt.

Sabine ist weder krank noch in den Wechseljahren. Das
kommt erst noch auf sie zu. Dennoch zeigt sie wenig Lust,
mit mir zu schlafen. Seit längerem. Unser Sexualleben ist
ziemlich eingeschlafen. Da ich die anderen Gründe ausschließen kann, muss ich vermuten, dass es daran liegt,
dass sie mich langweilig findet. Nicht mehr attraktiv.

Keine schöne Erkenntnis. Wie gesagt, Sex mit Sabine hat

mich über längere Zeit auch nicht interessiert, aber das hat sich in den letzten Monaten geändert. Ja, ich will Sex. Aber je länger ich darüber nachdenke, desto klarer wird mir: Es geht weniger um das Sexuelle an sich, sondern vielmehr um den Austausch von Nähe. Denn: Ich fühle mich allein. Und das seit einiger Zeit schon. Seitdem ich mir plötzlich den Schleier von den Augen weggerissen habe, seitdem ich mich hinterfrage, mich selbst, meinen Körper, meine Stellung in dieser Familie. Was zu unschönen Gefühlen führt wie eben dem, eine unbeachtete Stehlampe zu sein. Keiner interessiert sich für mich. Keiner will meine Meinung hören. Alle belächeln mich. Und das Schlimmste ist: Mit niemandem kann ich darüber reden.

Ich fühle mich allein.

Grenzenlos allein.

Alleiner als allein.

Was würde ich für eine Umarmung geben. Für ein tröstliches Streicheln über den Kopf. Für ein bisschen Kuscheln. Für echte Nähe. Für Zuneigung. Aber von wem? Ben in seiner Pubertät findet jede Berührung schmierig und schreckt davor zurück, als würde er Stromschläge bekommen. Leonie hat früher endlose Sonntage auf meinem Bauch liegend verbracht, aber auch das ist endgültig vorbei. Und Sabine? Tja, ich muss es so sagen, sie geht mir aus dem Weg.

Hm. Was soll ich tun? Ich bin doch kein Roboter.

Internetpornographie ist eine zweischneidige Sache. Ich will hier gar nicht ins Detail gehen, aber ich fühlte mich an meine Zeiten als Vierzehn-, Fünfzehnjähriger zurückerinnert. Und hatte plötzlich wahnsinnig Schiss um Ben. Was, wenn er alleine auf diese abstruse, abgründige, zum Teil verstörende Welt der Internetpornos stößt? Ich habe keine Ahnung, wie ich ihn davor bewahren soll. Oder schützen. Ich klappte sofort den Rechner zu und zermarterte mir den Kopf. Ich hatte ansatzlos ein schlechtes Gewissen, fühlte mich unmoralisch und schlecht und machte erst mal einen riesigen Bogen um Pornos.

Ich bin schließlich verheiratet und ein gestandener Mann von 44 Jahren. Ich brauche das nicht. Ich sollte viel eher mit Anstand und Würde vorangehen und ein Vorbild sein. Und vielleicht endlich ein bisschen weniger auf meine niederen Triebe achten. Ich war dabei, eine emotionale Leerstelle durch Sex zu füllen. Wie primitiv konnte ich sein? Ich schämte mich.

«Niedere Triebe» ist allerdings auch ein Wort, das nur ältere Kirchgänger und Altertumswissenschaftler benutzen. Aber kein normaler Mensch. Mit ein bisschen Abstand betrachtet wollte ich mich gar nicht auf diese verstockte Ebene begeben, das war ja gleichbedeutend mit dem Entzug des Wahlrechts für Frauen, der Rückkehr zu Rassentrennung und Ständegesellschaft. Ich bin aber doch modern, aufgeklärt und definitiv kein Spießer. Im Gegenteil. Ich bin weltoffen, agil, ich bin jung, ich bin frisch, ich bin beweglich! Nicht nur körperlich, auch geistig.

Das war jetzt eine sehr lange, umständliche und womöglich nicht wirklich überzeugende Erklärung dafür, warum ich mir schließlich doch Internetporn ansah.

Weil ich's einfach wollte.

Ich sollte generell lernen, endlich mehr zu mir und meinen Wünschen zu stehen. Mich besser und klarer auszudrücken. Deutlicher meine Positionen zu beziehen. Und ich bin dabei, genau das zu tun. Ich habe noch nie so viel über mich nachgedacht wie in den letzten Monaten. Es ist, als ob eine dichte, dunkle Decke über mir weggezogen worden wäre, als ob man mir die Zwangsjacke ein bisschen aufgeknöpft hätte, als ob ich aus einem langen, langen Winterschlaf erwacht wäre. Und jetzt endlich rieche ich diese frische, junge, elektrisierende Frühlingsluft. Es ist, als hätte ich jahrelang meine Bedürfnisse und Wünsche unterdrückt. Nein, ich bin nicht unzufrieden gewesen. Nein, ich bin nicht die ganze Zeit unglücklich gewesen. Ich bin völlig einverstanden gewesen mit all den Entwicklungen und Entscheidungen, die Sabine und ich getroffen haben. Sowohl was unsere berufliche als auch was unsere familiäre Situation betraf, über die Art, wie und wo wir wohnten, wie wir unsere Freizeit, unsere Urlaube, unser Sexualleben gestalteten. Ich bin zufrieden gewesen.

Heute aber stehe ich meinem alten Ich etwas befremdet gegenüber. Es gibt so viele Dinge, so viele Entscheidungen, die ich auf einmal nicht mehr nachvollziehen kann. Nein, ich würde Sabine natürlich sofort noch mal heiraten. Und diese wunderbaren Kinder noch mal bekommen und großziehen. Aber viele Kleinigkeiten würde ich ändern. Ich würde mir einen offeneren Umgang mit meinen sexuellen Wünschen wünschen. Würde mehr Bestätigung einfordern.

Wenn ich ehrlich bin: Genau darum geht es mir. Ich will einfach nur Bestätigung. Ich will *gesehen* werden. Ich will wahrgenommen werden. Als echtes, lebendiges, mehrdimensionales, attraktives Wesen. Ich will nicht die Stehlampe sein. Je länger ich darüber nachdenke, desto klarer wird mir, dass das mein Antrieb war. Dafür, dass ich mich bei Tinder angemeldet habe. Dafür, dass ich plötzlich so sexfixiert bin. Dass ich Internetporn konsumiere. Aber im gleichen Moment, in dem ich das verstand, wurde mir klar, dass ich von Pornos im Internet bestimmt eins nicht bekommen werde: Bestätigung. Ich klappte den Rechner zu. Wieder einmal. Diesmal aber mit Nachdruck.

Und dann hatte ich ein Tinder-Match. Sie hieß L, war acht Jahre jünger als ich, kunstinteressiert, offen, hatte keine Kinder und ließ sich «überraschen». Endlich mal jemand, der keine rigiden Vorschriften machte, der offen und positiv und weltgewandt war. Der auf eigenen Füßen stand, offenbar kein Trauma erlebt hatte oder noch in einer alten Beziehung verhaftet war, niemand, dessen «Herz erst wieder zusammengesetzt» werden muss, der ein Escort-Girl oder völlig fern meiner Attraktivitätsvorstellungen war. Oh nein. L hatte sogar etwas Frankophiles. Lange braune Haare und einen Pony. *Sehr* französisch. Und L war schlank. Offenbar wollte sie auf ihren Fotos nicht direkt von allen Freunden und Nachbarn identifiziert werden, das kann man ja verstehen. L war auf den Bildern immer mit ein bisschen Abstand zu sehen oder unter einer großen Sonnenbrille, aber insgesamt war sie eine wirklich aparte Erscheinung.

Die in den Nachrichten, die wir uns bald schrieben, durchaus Witz demonstrierte.

Es war ziemlich toll.

Wir schrieben uns über vier Tage, in denen ich elektrisiert durchs Haus schlich und ständig mein Handy kontrollierte, ob sie denn geantwortet hatte. Und dann verabredeten wir uns auf ein Date. Allerdings nannten wir es nicht «Date», sondern «Treffen». Das war ein gewaltiger Unterschied! Auch für mein Gewissen! Andernfalls hätte ich mich sicherlich nie darauf eingelassen.

Aber, hey, es war nur ein Treffen. Eine Begegnung. Ein Kennenlernen. Mehr nicht.

Dennoch war ich aufgeregt wie nur was, als ich am anderen Ende der Stadt in einem mir bis dato völlig unbekannten Café fernab von jedem Wohnort und jeder Arbeitsstelle jedes unserer Bekannten auf L wartete. Schweiß strömte in Bächen unter meinen Achseln hervor, und ich hoffte inständig, dass ich nicht stinken würde. Glücklicherweise hatte ich wenigstens einen dunklen Pullover angezogen, sodass L mir den See unter meinen Armen nicht anmerken würde.

Ich war zwei Minuten zu früh, hatte Zeit, die anderen Gäste zu sondieren, und war, obwohl ich niemanden kannte, davon überzeugt, dass gleich jemand aufstehen, zu mir treten und so was sagen würde wie: «Hey, bist du nicht der Ehemann von Sabine? Wir kennen uns von dieser Party damals. Wie geht es Sabine? Deiner Frau? Was machst du hier?» Aber glücklicherweise stand niemand auf, niemand kam zu mir, nur L, die einen modernen Mantel trug, elegante Schuhe und tatsächlich so schlank war wie auf den Fotos. Auch der Haarschnitt hatte dieses französische Etwas. Wunderbar.

Bis sie den Mund aufmachte.

Nein, sie hatte keinen rheinischen Dialekt. Zum Glück nicht. Aber sie hatte diese Zähne. Ich will nicht überheblich klingen, weiß Gott nicht. Manche Menschen haben von Natur aus helle, gerade, schöne Zähne. Andere haben das nicht, aber in den meisten Fällen gibt es Mittel, wie man sich da behelfen kann. Ich zum Beispiel habe meine ganze Jugend lang eine feste Zahnspange tragen müssen. Was mich, gepaart mit den entsetzlich roten, ständig aufplatzenden Pickeln und meiner Brille, die ich zum Eintritt in die Pubertät aus irgendeiner grauenhaften Fügung des Schicksals heraus auch noch zeitgleich bekam, zu einem definitiv völlig unansehlichen Etwas machte.

L hatte unten etwas schiefe Zähne, aber das war nicht das Problem. Sondern: Die Zähne waren etwas schwarz verfärbt und wirkten gleichzeitig brüchig und durchschimmernd. Wie die Zähne von jemandem, der Angst hat, zum Zahnarzt zu gehen, oder der sich jeden Tag übergibt, weil er Bulimie hat. Als L ihren Mund öffnete und wir die ersten freundlichen Worte miteinander wechselten, konnte ich leider nicht anders, als auf ihre Zähne zu starren. Mir war klar, dass ich diesen Mund nicht küssen würde können. Nie.

War ich oberflächlich? Ja. Aber es war auch nur der erste Eindruck. Ich wollte ihr eine Chance geben. Tatsächlich hatten wir dann ein ganz angenehmes, sogar recht witziges

Gespräch. Ich taute auf, war lustig, bisweilen sogar charmant. Finde ich. Es lief ganz gut. L war Lehrerin. Zum Glück nicht die meiner Kinder. Sie war belesen, kunstinteressiert und erzählte von einer geplanten Reise nach Hamburg, wo sie sich eine Ausstellung ansehen und Freunde besuchen wollte. Und wir sprachen – das fand ich eigentlich noch interessanter – über Tinder. Wie lange wir dort angemeldet waren. Und wie die Treffen und Dynamiken so abliefen. L gab mir wertvolle Tipps. Zum Beispiel, sich niemals auf ein Essen zu verabreden beim ersten Treffen. Denn was, wenn man sofort feststellt, dass es mit dem Gegenüber gar nicht funkt, dann aber nicht gehen kann, sondern noch ein ganzes Essen und die Rechnung abwarten muss? Besser war in jedem Fall ein Treffen auf einen Espresso. Jetzt wurde mir auch klar, warum wir genau dazu verabredet waren. Am allerbesten war aber natürlich ein Treffen draußen, zu einem Spaziergang. Dann konnte man sich schnell verabschieden, man war ungebundener.

Wichtig war bei Tindertreffen auch, erklärte L, direkt subtil abzuchecken, was der andere eigentlich suchte. Wollte er nur Sex? Oder eine Beziehung? War er vielleicht in einer Beziehung?

Ich lief sofort knallrot an und log, was das Zeug hielt. Ich lernte, dass L nicht auf schnellen Sex aus war, sich schon eine Beziehung vorstellen konnte, ohne allerdings krampfhaft danach zu suchen. Eigentlich ganz angenehm.

Doch je länger unser Gespräch dauerte, desto seltsamer kam L mir vor. Bald erfuhr ich, dass sie «schon lange» auf Tinder war. Offensichtlich scheiterte sie immer wieder mit ihrer Suche nach einer Beziehung. Je länger wir uns unterhielten, desto klarer wurde mir, dass hier eine sehr einsame Frau vor mir saß, die ganz offensichtlich Probleme hatte. Denn sie konnte mir nicht in die Augen schauen. So gar nicht. Ihre Augen flirrten unruhig über mein Gesicht, über meine Hände, meinen Oberkörper, durch den Raum, irgendwohin, wo meine Blicke nicht waren. Es war völlig seltsam. Ich war fast versucht, sie darauf anzusprechen. Aber ich merkte auch, wie angespannt sie war. Wie nervös. Dagegen war das Meer von Schweiß unter meinen Achseln ein Witz. L wirkte getrieben und unsicher. Sie wirkte, als würde sie sich gleich vor Panik übergeben. Oder hatte sie das womöglich im Vorfeld schon getan? Sie tat mir leid. Und sie machte mir gleichzeitig Angst. War sie eine Stalkerin? Je länger wir redeten, desto mehr traute ich ihr es zu.

Der richtige Abgrund tat sich schließlich auf, nachdem wir bezahlt hatten und draußen standen und nicht wussten, wie wir uns verabschieden sollten. Ich für meinen Teil wäre einfach sehr gerne weggespurtet und hätte sie da stehen lassen. Sie dagegen bot mir an, mit zu ihr zu kommen. Auf einen Kaffee. Und auf «du weißt, was ich meine».

Ich wusste, was sie meinte.

«Ein andermal», log ich und machte, dass ich davonkam.

Als ich zu Hause ankam, war ich ein geläuterter Mann. Dieses Treffen war ein Desaster gewesen. Ein riesiger Fehler. Ich bin dafür nicht gemacht. Für Seitensprünge und Affären. Für die Suche nach anderen Partnern. Denn ich habe die beste Partnerin der Welt!

Sabine saß mit dem Rücken zu mir auf dem Sofa im

Wohnzimmer, ich gab ihr einen langen Kuss auf den Nacken und freute mich ehrlich und inständig, dass ich wieder bei ihr war. Und bleiben würde.

Tinder werde ich löschen, so viel ist mal sicher.

PS: Ben hat mich den ganzen Tag schon seltsam angesehen.
Er schmunzelte über mich. Beim Abendessen fragte ich,
was denn so lustig sei. Er wich aus. Später aber, als ich den
Kopf in sein Zimmer streckte, um ihm gute Nacht zu sagen,
grinste er schelmisch und warf mir, als ich die Tür schon
zuzog, noch ein «Du musst dann auch alle Tabs auf dem
iPad schließen, Dad» hinterher. Ich erstarrte.

PPS: Wenn dein Sohn festgestellt hat, dass du dir auf dem
iPad eine Porno-Seite angesehen hast, auf der «drei geile
Teenager-Girls einen jungen Studenten verführen» – was
machst du dann? Kannst du seine Sorgen, seine Fragen zer-
streuen? Etwa, warum du dir Pornos ansiehst, in denen ein
Typ und drei Frauen mitspielten? (Nun ja, es geht wohl um
Bestätigung, nicht wahr? Die – zugegeben – etwas peinliche
Illusion, dass man von drei Frauen gleichzeitig begehrt
wird. Wenn ich's mal analysiere.) Und überhaupt, *dass* du
dir Pornos ansiehst. Tja …

PPPS: Ich laufe schamrot durchs Haus. Seit Tagen.

VIERZEHNTES KAPITEL, *in dem ich eine Kette am Bein habe*

Warum wohnen wir in diesem Haus? Warum wohnen wir hier, in dieser Stadt, in diesem Viertel, in dieser kleinen, ziemlich langweiligen Seitenstraße? Warum liegt die Straße in diesem kleinen, langweiligen Viertel in dieser – nun gut, nicht ganz kleinen, aber es ist wahrlich keine Welt-Metropole – Stadt? Warum wohne *ich* nicht in einer Metropole?

Warum? Weil der Kindergarten früher fußläufig erreichbar war und die Grundschule hier um die Ecke liegt. Weil es ein nettes, unaufgeregtes Viertel ist, das irgendwie zumindest nicht ganz fernab vom Schuss liegt. Weil es eine Mini-Einkaufsstraße gibt mit einem *echten* Fleischer, einem normalen Blumenladen und einem *richtigen* Bäcker ohne Backwerk-Industriebrot-Fraß. Gut, so was gibt es auch, denn der Discounter ist gar nicht so weit weg. Überhaupt ist das Viertel eigentlich ganz praktisch gelegen, man ist an die öffentlichen Verkehrsbetriebe angebunden, die Autobahn ist nicht weit weg, es gibt fast so was wie einen Park, der zwar nicht schön ist, aber den man zum Joggen, Fußballspielen und Spazierengehen nutzen kann. Es gibt Ärzte, Optiker und einen IKEA in der Gegend und sogar einen italienischen Supermarkt, in dem ich mich während des Einkaufs immer für ein paar Minuten fast wie im Urlaub fühle, vor allem, weil ich die Etiketten auf den Lebensmitteln nicht ganz entziffern kann, weil das Neonlicht grell ist und die kleine, grimmige Verkäuferin mit dem riesigen Damenbart kein Wort Deutsch versteht. Oder zumindest tut sie so, während sie einen behandelt, als wäre man einer dieser dummen Touristen, die nach einer aufblasbaren Luftmatratze und Sonnencreme fragen.

Warum wohne ich nicht direkt in Italien?

Gut, natürlich weil ich *hier* einen Job habe (auch wenn er mich deprimiert und nicht glücklich macht). Weil ich kein Italienisch spreche. Weil es damals ein Riesenaufwand und ein Abenteuer gewesen wäre, mit Sabine und der ganzen Familie nach Italien auszuwandern, uns neue Jobs zu suchen, eine Sprache zu lernen, die Kinder in italienische Schulen zu stecken, das Heimweh zu bekämpfen, sich mit Aus- und Einwanderungsproblematiken, Ämtern, Behörden, Unterlagen, Rentenbescheiden, unklaren Wohnsituationen und so weiter herumzuschlagen.

Aber andere Familien machen das doch auch!? Und die ziehen nicht nur von einem relativ sicheren und geordneten EU-Land in ein anderes, sondern in die Steppe, in den Busch oder in ein Dritte-Welt-Land mit fragilem Sozialsystem, einem katastrophalen Bruttosozialprodukt und einem korrupten Polizei- und Justizsystem. Wir bleiben hier. Aus Angst. Aus mangelndem Mut. Aus Feigheit, weil wir unsere mittelmäßige Mittelmäßigkeit in dieser Mittelstadt nicht verlieren wollen. Dabei sind das doch alles First World Problems, mit denen ich mich zurzeit herumschlage. Wenn ich jeden Tag Bohnen von meinem Feld auf dem Markt verkaufen müsste, der Schulweg der Kinder über ungesicherte Bergpfade führen, eine Frau nachts nicht alleine im Haus bleiben und so was wie eine Rentenvorsorge gar nicht existieren würde, würde ich mir bestimmt keine Gedanken über mein Aussehen, Modetrends, Tinder, meinen Überkonsum, meinen Bauchansatz und meine Partnerschaft machen. Ich würde einfach nur versuchen zu überleben, jeden Tag.

Stattdessen bin ich ein jämmerliches Würstchen, das mit allem und vor allem mit sich selbst hadert und immer wieder in Phasen von Selbstmitleid verfällt, die dann von Phasen schierer Wut und Arroganz abgelöst werden. Momentan bin ich in einer Phase der …

Genau.

Aber ich weiß mittlerweile, warum. Ich habe den Kern meines Problems, meiner Zweifel, meines Haderns, meiner Unzufriedenheit mit der Gesamtsituation ausgemacht.

Es ist das Haus.

Es ist das Haus in der kleinen Seitenstraße in dem kleinen Viertel in der Nichtmetropole, in dem wir schon seit Jahren wohnen. Und über lange Zeit eigentlich ganz glücklich gewesen sind. Bis wir es gekauft haben.

Das war letztes Jahr. Zuvor hatten wir es gemietet. Wir hatten immer mal angedeutet, dass wir bereit wären, das Haus auch käuflich zu erwerben, wenn der Vermieter sich das eines Tages überlegen sollte. Aber wir hatten es eher so pro forma gesagt, eigentlich war klar gewesen, dass solche Häuser wie unseres nie auf den Markt kamen und wenn, dann zu unverschämten Preisen, denn, hey, der Immobilienmarkt ist eine Blase und die Seitenstraße und Gegend und Stadt, in der wir wohnen, ist eigentlich gar nicht so schlecht, sondern präferiertes Wohngebiet für viele Menschen.

Ich glaube übrigens, dass Menschen viele ihrer kindlichen Prägungen reproduzieren, wenn sie erwachsen sind. Zum Beispiel, was die Anzahl an Geschwistern angeht. Sicher, es gibt Ausnahmen, etwa wenn die ganze Familiensituation unerträglich und das Verhältnis zu den Geschwistern gestört war. Dann wird man nicht unbedingt dieselbe Situation kreieren und mit seinen Kindern eine ähnliche Konstellation schaffen wollen, aber meist ist es doch so: Wenn du als Einzelkind aufgewachsen bist, denkst du: Das war eigentlich eine ganz gute Zeit, ich hatte meine Freunde, aber für meine Eltern war ich der Augenstern, ich musste nichts abgeben, ich bekam die ungeteilte Aufmerksamkeit, und wenn ich mal einsam war, dann bin ich auch gut damit zurechtgekommen. Hey, hallo, schau, was aus mir geworden ist.

Wenn man dagegen viele Geschwister hatte, denkt man eher, dass dieses Gemeinschaftsgefühl, diese Verbundenheit trotz aller Konkurrenzkämpfe etwas Tolles war, ein soziales Netz, das einen immer aufgefangen hat, und es war gut, dass es eine große Schwester gab, die, auch wenn sie sonst eine fürchterliche Zicke war, sich auf dem Fußballplatz vor einen stellte und einen vor dem fiesen Schläger aus dem anderen Viertel verteidigte. Und dann wünscht man sich selbst vier Kinder.

Oder man passt einfach nicht auf bei der Verhütung, das kann natürlich auch sein.

Was das Wohnen angeht, verhält es sich womöglich ähnlich. Ich habe mein Leben lang in Mietwohnungen gewohnt. Nicht weil wir uns ein Haus nicht hätten leisten können, aber meine Eltern waren immer in Bewegung. Jobmäßig. Deswegen wurden alle paar Jahre Wohnungen, Straßen und Städte gewechselt. Vielleicht mag aus so was der Wunsch nach Beständigkeit entstehen, aber wir sind damals ja nicht jede Woche umgezogen, es kam mir immer ruhig und sicher und beständig vor. Ich hatte jedenfalls nie den Impuls, mir Eigentum zuzulegen.

Sabine dagegen ist mit diesem Wunsch aufgewachsen. Ich vermute, die ersten Worte, die sie als Kleinkind gesagt hat, waren «Ich will ein Haus!», und nicht «Mama» oder «Baba» oder was auch immer. Vielleicht hat sie auch gesagt: «Ich möchte ein Haus besitzen, weil es mir Ruhe und Sicherheit gibt, weil es ein Nest für dich und mich und die Familie ist, und, Jan, wir wohnen schon seit Jahren hier, wir kennen das Haus, wir kennen seine Schwächen, und es hat kaum welche, und du hast selbst gesagt, die Heizung kriegen wir zum nächsten Winter hin, das ist billiger als man denkt, vielleicht stellen wir auf Pellets um, und sieh es mal so: So ein Angebot kommt nie wieder, und der Preis, den er veranschlagt, ist weit niedriger als erwartet. Das ist eine einmalige Chance! Wir wären dumm, wenn wir es nicht machen.»

Okay, vielleicht hat sie diesen Satz nicht als allerersten in ihrem Leben ausgesprochen, aber letztes Jahr hatte sie das genau so formuliert.

Also haben wir das Haus gekauft. Und zwar weil Sabine in einer Grund-und-Immobilienbesitzer-Familie groß geworden ist und es in ihrer Welt eigentlich ein totales Unding ist, wenn man keinen Grundbesitz hat. Dann fühlt man sich haltlos wie eine Nussschale in einem Hurrikan auf dem offenen Ozean, so ungefähr hatte Sabine das mal beschrieben. Dass wir das Haus gefunden und einen langfristigen Mietvertrag abgeschlossen hatten, hatte Sabine zwar besänftigt, aber nie ganz beruhigt. Alle paar Jahre hat sie das Thema angesprochen, hat immer wieder kurzzeitig begonnen, Immobilien zu recherchieren, und nach einiger Zeit gefrustet wieder aufgegeben. Als dann der Vermieter auf uns zukam, sich bereit erklärte, das Haus zu verkaufen (weil sein Haus in Frankreich dringend einen neuen Pool und ein Dach benötigte) und fragte, ob wir noch interessiert waren, sagte Sabine sofort zu. Ohne sich mit mir abzusprechen. Aber gut. Ich wusste ja, dass sie das seit Jahren umtrieb. Und: Im ersten Moment war ich auch einverstanden.

Der Augenblick, in dem man im Büro des Kundenberaters der kleinen Bankfiliale sitzt, sich ein bisschen herausgeputzt hat, schließlich ist das hier ein großer Moment, in dem man an dem trockenen Kekssortiment in der Schale und seinem eigenen, kalt gewordenen schwarzen Kaffee vorbei auf das Papier herunterstarrt, auf das man jetzt seine Unterschrift setzen soll, ist ein krasser Augenblick. Wie schlimm er eigentlich war, merkte ich erst später.

Als ich nämlich begriff, dass ich mich bis an mein Lebensende verschuldet hatte. Dass ich über Jahre das Geld abstottern musste, dass ich mich verpflichtet hatte, in diesem Haus bis zu meinem Tod zu wohnen, dass ich mich festgekettet hatte, an dieses Haus, diese Straße, dieses Viertel, diese Stadt, diese Familie und diese Frau. Es schnürte mir den Hals zu. Plötzlich war mir alles zu eng. Die Zukunftsaussichten waren einfach nur noch erdrückend. Weil: Es war einfach klar, dass es jetzt NIE WIEDER irgendwelche Veränderungen geben würde. Alles würde genau so bleiben, wie es war. Bis an mein Lebensende.

Und das versetzte mich in Panik. Ich weiß nicht, was ich vorher gedacht hatte. Wahrscheinlich gar nicht so viel. Aber es war immer so gewesen, dass ich mir diese kleinen Träume, diese kleinen Zukunftsphantasien ausgemalt hatte. Wenn das mit dem Job hier nicht klappt – bitte: Dann gehen wir halt woandershin. London ist 'ne tolle Stadt – vielleicht wohnen wir mal da. Oder: Arbeit mit den eigenen Händen ist so viel erfüllender – vielleicht übernehmen wir einfach diese kleine Käserei an der französischen Atlantikküste. Oder: Berlin hat ja schon tolle Ecken, und es ist zwar ein völlig anderes Berufsfeld – aber natürlich könnte ich mich einarbeiten, ich bin ja flexibel. Oder: Diese Frau mit den welligen braunen Haaren und dem knallroten Lippenstift zwei Tische weiter ist echt eine unfassbar beeindruckende Erscheinung – ich liebe Sabine, natürlich, aber wenn ich jemals noch mal heiraten sollte, dann diese Frau dadrüben.

Selbstverständlich war das alles nie ernst gemeint gewesen. Es waren kleine Phantasien, Spielereien, Scherze.

Aber: Es waren auch kleine Fluchten, gedanklich. Es waren Möglichkeiten.

Und das ist jetzt ein für alle Mal vorbei. In dem Moment, in dem ich den Finanzierungsplan unterschrieben hatte, war ich sozusagen mit Betonfüßen in das Fundament dieses Hauses gemauert worden. Ich würde für immer hierbleiben, in diesem Haus, mit dieser Frau, mit diesen Kindern.

Und obwohl ich das alles vorher gewollt hatte, macht es mir plötzlich Angst. Höllenmäßige, schlimme Angst.

PS: Natürlich haben wir auf Pellet-Heizung umgestellt. Und der neue Kamin ist auch toll.

PPS: Aber Schafsfarmer in Irland wäre auch toll. Oder Bibliothekar in Paris. Oder Galerist in Los Angeles.

PPPS: Es ist ein völlig bescheuertes Lied, aber ich muss trotzdem immer daran denken: «Ich war noch niemals in New York ...» Und ich werde es auch nie dorthin schaffen. Ich könnte heulen.

FÜNFZEHNTES KAPITEL, *in dem ich mich nicht berufen fühle*

Letztens habe ich mich zu einer Zock-Partie mit Ben hinreißen lassen. Genauer gesagt habe ich Kontakt mit meinem geliebten Sohn aufnehmen wollen, da er momentan immer recht schweigsam und abwesend wirkt. Nein, Kummer und Sorgen hat er keine, soweit ich das beurteilen kann. In der Schule läuft es … na ja, so wie es bei Jungs in dem Alter eben läuft. Zumindest bleibt er nicht sitzen. Freunde hat er auch, und Mädchen … werden auch irgendwie ein Thema sein. Aber Ben distanziert sich. Er hat einfach keinen Bock auf uns. Daher bin ich irgendwann in sein Zimmer und habe tausend Vorschläge für eine gemeinsame Nachmittagsgestaltung gemacht: schwimmen gehen, draußen was kicken, in den Freizeitpark oder vielleicht mal wieder ins Kino? Alles wurde abgelehnt (beim Thema «gemeinsam kicken» hat er sogar mitleidig gelacht).

Stattdessen einigten wir uns auf eine Partie *Among Us*, was irgendwie der heiße Scheiß zu sein scheint. Ich habe das Spiel inhaltlich bis heute nicht verstanden. Und bis ich die Steuerung begriffen hatte, da … Nein, ehrlich gesagt, habe ich die Steuerung *überhaupt nicht* verstanden. Ich sah Ben zu und war völlig irritiert, mit welcher Überschallgeschwindigkeit seine Finger tippten, wie rasend schnell er auf die Gegner reagierte, wie oft und krass die Bilder wechselten, kurz: in welcher irren Geschwindigkeit all das vor sich ging. Ich war völlig überfordert. Diese kleinen, blitzschnellen, wachen Gehirne von Ben und seinen Kumpels – im Gegensatz dazu bin ich nicht mal eine Schnecke, ich bin wie das berühmte Stück von John Cage «As SLow aS Possible», das seit 2013 in Halberstadt gespielt wird und noch weitere 632 Jahre dauern wird. Ich bin das langsamste Musikstück der Welt.

Ich bin nicht mehr schnell. Oder wach. Oder dynamisch. Und das merke ich leider auch im Beruf.

Ich bin seit elf Jahren in dieser Firma angestellt. Als Projektmanager. Und ich erlebe tagtäglich, was das *Peter-Prinzip* bedeutet. Das besagt im Grunde, dass man so lange befördert wird, bis man auf einer Position landet, die man eigentlich nicht mehr beherrscht. Dabei haben im Prinzip alle fast alles richtig gemacht. Vielleicht ist man kreativ in seinem Job und findet dort Lösungsprozesse, wo andere scheitern. Deswegen wird man befördert. Und kommt auf eine Stufe, wo man seine Lösungsmodelle besser durchbringen kann. Was einem auch gelingt. Vielleicht hat man ein kleines Team unter sich. Und stellt sich sogar in der Personalführung gar nicht dumm an. Also, noch eine Stufe weiter. Und dann noch eine. Bis man auf eine Position versetzt wird, in der man die kreativen Arbeiten nur noch delegiert. Und nichts mehr mit den eigentlichen gedanklichen Prozessen zu tun hat, in denen man so gut ist – sondern sich in Ab-

stimmungsprozessen, Finanzen, Schreibkram, Personalge-
sprächen aufreibt. Voilà: das *Peter-Prinzip*.

Oft geht dieses Phänomen auch mit dem *Impostor-Syndrom* einher. Damit ist gemeint, dass man irgendwann das
doofe Gefühl bekommt: «Eigentlich kann ich das hier gar
nicht. Ich bin völlig fehl am Platz in meinem Beruf, ich habe
von nichts eine Ahnung. Hoffentlich kommt mir keiner auf
die Schliche.» Man fühlt sich als Hochstapler, und das ist
ein mieses Gefühl. Zugeben tut das natürlich niemand. Es
würde bedeuten, das Gesicht zu verlieren.

Wir Deutschen können ja noch nicht mal darüber sprechen, wie viel wir eigentlich verdienen. Das ist sofort pfui.
Man schämt sich dafür. Geld ist keine Sache, über die man
spricht. Anders als in anderen Kulturen, wo man auf jeder
Party sofort darauf angehauen wird, zum Beispiel in den
USA. Dort ist es auch keine Schande, wenn man mal schei-
tert. Wenn man seinen Job verliert. Seine Geschäftsidee vor
die Wand gefahren hat. Pleite ist. Denn da gilt immer noch:
Du kannst es schaffen. Steig wieder aufs Pferd, es geht
weiter. Jeder kann reich werden. Es gibt dort ganze Konferenzen rund um das Thema Scheitern; nicht weiter überraschend, dass sich dort eine andere Fehlerkultur ausgebildet hat. Wenn man in Deutschland etwas gründet, kann
man Existenzgründungsförderungen bekommen. Aber das
Wort zeigt doch schon den Druck – wenn ich mein Start-up
vor die Wand fahre, habe ich meine ganze *Existenz* vor die
Wand gefahren. Kein Wunder, dass so viele Menschen hier
in ihren alten, unbequemen, frustrierenden Jobs verharren.
Wie zum Beispiel alle meine Freunde und Bekannten.

Oder ich.

Warum bin ich frustriert? Das hat mehrere Gründe. Zum einen das *Peter-Prinzip*, das sein Paradebeispiel in der Gestalt meines Chefs gefunden hat. Der ist völlig inkompetent und fehl am Platz. Gut, das ist wahrscheinlich eine Aussage, die 70 Prozent aller Arbeitnehmer unterschreiben werden. Aber wer weiß, vielleicht haben die ebenfalls recht. Denn das *Peter-Prinzip* ist weit verbreitet. Zum anderen liegt es am Impostor-Syndrom. Das gilt bestimmt auch für meinen Chef – ich würde ihn aber ungern danach fragen wollen –, es gilt aber vor allem für mich.

Nicht durchgängig, aber phasenweise. Ich stelle dann fest, dass ich eigentlich keine Ahnung von dem habe, was wir da verkaufen und ich projektmanage. Im Groben und Ganzen ja – aber wehe, es taucht eine Detailfrage auf. Oder ein Problem. Klar habe ich über die Jahre gelernt, wie ich mit Problemen umgehen muss, indem ich zum Beispiel ausweiche, Fragen auf später verschiebe und die Verantwortung von mir wegdelegiere. Im Notfall mache ich meinen Chef verantwortlich, das zieht immer. Erstens, weil ihn alle hassen, und zweitens, weil er so konfus und hilflos ist, dass er sich tatsächlich jedes Problem erst mal selbst zuschreibt und es gerne selber lösen möchte, denn man darf ja nicht vergessen: Er will den ganzen Finanz-, Schrift- und Personalkram nicht machen, er will *hands on* sein, er will eigentlich meinen Job.

Gut, er kann ihn haben.

Eigentlich ist es in meinem Alter doch so: Unser Studium (sofern wir eins gemacht haben) ist lange her. Wir haben eine lange und harte Phase im Beruf durchlaufen: erst der Einstieg, dann die Jahre, in denen wir uns (parallel zur Familiengründung) hart abgestrampelt haben, um Karriere zu machen (um die Familie, die man gegründet hat, ernähren zu können). Vielleicht sind wir ein bisschen aufgestiegen, zumindest sind wir kein Trainee mehr, vielleicht haben wir einen ersten Führungsposten ergattert, womöglich mit ein kleines bisschen Personalverantwortung, mittlerweile sind wir auf jeden Fall schon arriviert. Aber inzwischen sind Dienstreisen nicht mehr aufregend, ist das Brainstorming, das wir als Jungspunde euphorisch begrüßt haben, ernüchternd und Teambuilding-Wochenenden sind so reizvoll wie ein Magen-Darm-Virus. Wir kennen das alles aus dem Effeff.

Auch deswegen stecken viele mit Mitte vierzig in einem Karrieretief: Denn wenn alles so bleibt, wie es ist, bedeutet das, dass ich diesen Job – drei im Hinterkopf, zwei im Sinn … – noch ca. zwanzig Berufsjahre machen werde! Oh Gott!!!

Klar geht es möglichweise noch weiter nach oben, ich könnte mich verändern und doch noch richtig Karriere machen, aber es macht mir Angst, wenn ich mir die Leute über mir ansehe. Deren Freizeitgestaltung sieht nämlich noch schlimmer aus als meine, die ist kaum mehr vorhanden. Genauso wie deren Eheleben. Stattdessen sind die Leute getrieben, überehrgeizig und machen Triathlon. Wie Rainer. Und ja, der ist auch eine Ebene über mir. Und extrem unglücklich verheiratet. Und nein, ich möchte mit Rainer niemals tauschen. Weder Job noch die Frau, noch das Leben. Vielleicht würde ich seinen durchtrainierten Triathleten-bauch nehmen, womöglich. Aber sonst auch nichts.

Außerdem sollte man die Größe haben und sich ein-gestehen, dass es mit Mitte vierzig nicht mehr waaaahn-sinnig wahrscheinlich ist, dass man noch die ganz große Riesenkarriere macht. Vielleicht weil die Leute über einem, die einen befördern müssten, es einem nicht zutrauen. Weil sie das Potenzial in einem nicht sehen. Womöglich weil sie durch das *Peter-Prinzip* auf eine Stufe der Karriere-leiter gelangt sind, auf der sie die Herausforderungen und Aufgaben einfach nicht beherrschen, zum Beispiel die Per-sonalführung. Wie mein Chef, der einfach nicht das Poten-zial erkennen will, das ich nun mal habe. Der Arsch. Das macht sauer, das schmerzt, das nervt einen zu Tode. Jeden Tag, wenn man zur Arbeit geht.

Aber vielleicht sollte man auch die Größe haben und sich irgendwann eingestehen, dass man schlicht nicht mehr erreichen kann, weil man dazu gar nicht in der Lage ist? Weil man einfach nicht das Potenzial hat. Weil man nicht so brillant und schlau ist, wie man immer dachte. Weil die eigenen Ideen gar nicht so kreativ und toll sind, sondern eher mau. Weil man in den entscheidenden Mo-menten dann doch eher zur Faulheit tendiert, als perfektio-nistisch hinterher zu sein, ob auch alles stimmt. Weil man sich vielleicht zu sehr auf andere verlässt oder auf sein eigenes gewinnendes Lächeln. Doch das mag in der Schule funktioniert haben, hilft aber nicht unbedingt im Leadership-Board vor den internationalen Produktentwicklern. Vielleicht muss man sich auch eingestehen, dass man in der Kommunikation gar nicht so souverän ist wie andere Kollegen. Und in der Außendarstellung seiner selbst gar nicht so toll, weil es in der Innendarstellung eben auch nicht so toll ist.

Weil man gar nicht so toll ist, wie man immer dachte.

Und die Erkenntnis, dass das so ist, DIE schmerzt.

Und zwar noch viel mehr als der unfähige Chef. Der natürlich das Potenzial deswegen nicht sehen kann, weil es einfach gar nicht da ist. Das ist der «Ich-war-noch-niemals-in-New-York-und-ich-komme-auch-nie-hin»-Moment.

Und zwar, weil ICH meinen Fahrschein verloren habe. Es ist meine eigene Schuld.

Es gibt mehrere Möglichkeiten, auf diese harte, ziemlich grausame Erkenntnis zu reagieren. Man könnte den Gram in sich hineinfressen, immer unglücklicher und unausstehlicher werden und abends viel zu viel Wein trinken, um den Job zu vergessen. Damit bin ich durch mittlerweile. Man könnte auch resignieren, abstumpfen, sich zurückziehen und in Konferenzen mit lakonischen oder zynischen Kommentaren auffallen. Damit bin ich auch durch. Oder man könnte irgendwann so depressiv und gefrustet sein, dass man noch nicht mal mehr Kommentare macht. Das habe ich auch überwunden.

Schließlich könnte man darüber nachdenken, ob man nicht doch in den Sack haut, den frustigen Scheißjob einen Scheißjob sein lässt und etwas Neues anfängt. In dieser Phase stecke ich mittendrin.

Also: Warum nicht alles hinwerfen? Etwas Besseres als hier finden wir allemal, um es mal mit den Bremer Stadtmusikanten zu sagen. Gut, da ging es auch um den Tod, aber ein frustrierender Job ist dem Tod ziemlich ähnlich! Was hält uns eigentlich bei dem, was wir tagein, tagaus erdulden müssen, warum machen wir eigentlich diesen Job? Ja gut, das Geld. Natürlich.

Aaaaber: Könnte ich nicht auch in einem anderen Job Geld verdienen? Vielleicht ein bisschen weniger, warum auch nicht? Momentan kommen wir hier ganz komfortabel über die Runden. Man hat doch eh zu viel. Man braucht doch gar nicht die neuen Klamotten alle paar Monate, man braucht kein neues Fahrrad oder ein Longboard. (Ich muss zugeben, dieser Satz von Ulrike, dass ich ein Berufsjugendlicher sei, der hat mir schon zugesetzt. Ich fahre seltener in letzter Zeit.) Man muss auch nicht immer in den Urlaub fahren, zumindest nicht so weit weg – darauf könnte man doch leicht verzichten, wenn man einen Job hätte, der einen zufrieden und glücklich macht. Er muss einen ja noch nicht mal voll und ganz erfüllen, das wird ja gar nicht verlangt. Man muss ja auch nicht sein Hobby zum Beruf machen, das wäre ja eine völlig privilegierte Situation.

Aber schön wäre es schon.

In letzter Zeit habe ich einige Berichte über Menschen gelesen, die genau das getan haben. (Und täusche ich mich, oder gibt es immer mehr Berichte über genau solche Menschen und Berufe? Oder ist das wie damals mit den Schwangeren? Als Sabine nämlich schwanger war und das Thema mit solcher Gewalt und Nachdruck in mein Leben drängte, dachte ich, plötzlich überall nur noch schwangere Frauen zu sehen.) Ich bin neidisch, wenn ich erfahre, dass jemand seinen Job geschmissen hat, um plötzlich Käser zu werden. Oder eine Alm zu bewirtschaften. Ein Weingut zu übernehmen. Eine Schuhmacherwerkstatt zu eröffnen. Oder ein Surf-Hostel in Costa Rica. Ein Hotel am Strand in Thailand. Oder in Frankreich. Oder eine Galerie in New York.

Verdammt, ich war noch nie in New York! Aber. Ich. Will. Da. Hin. Allein bei dem Gedanken, morgen wieder ins Büro gehen zu müssen, könnte ich kotzen. Was, wenn ich kündigen würde? Sabine verdient auch, wir könnten einige Zeit so über die Runden kommen mit den Rücklagen, die ich gebildet habe. Wir könnten das schaffen. Aber mir ist auch klar: Das ist eine Entscheidung, die wir gemeinsam treffen müssten. Das ist etwas anderes als der Fahrradkauf. Und selbst da war Sabine schon sauer.

Hier geht es um etwas viel Größeres. Um meinen Seelenfrieden. Um meinen Platz in der Welt. Darum, wer ich eigentlich sein möchte. Darum, wer ich sein *kann*.

Ich könnte auch noch mal ganz von vorn anfangen. Ich könnte Önologie, Tibetologie oder Friesische Philologie studieren. Doch wozu das alles? Das ist nicht meins. Aber was will ich denn? Was will ich eigentlich im Leben? Genau das ist wohl die Frage, mit der ich mich seit Monaten herumschlage. Und die nicht leicht zu beantworten ist.

Also setzte ich mich hin und ging es strukturell an. Indem ich eine Plus-Minus-Liste machte. Ich notierte, welche Wünsche und Neigungen ich habe, welche Begabungen und welche Schwächen, welche Berufsgebiete inhaltlich und welche eher finanziell vielversprechend sind, welche eher Prestige und welche eher innere Zufriedenheit fördern, wo meine Interessen jetzt liegen und wo sie in meiner Vergangenheit und Jugend gelegen haben, und, und, und ... Es war natürlich viel zu viel für eine einzige Liste, die zudem nur binär eingeteilt war. Es war völliger Schwachsinn und total verwirrend – aber ein ziemlich akkurates Abbild meines Kopfes. Manchmal fühle ich mich, als sei ich von innen wund gedacht, so viel geht mir im Kopf herum, so viel mehr als in all den langen Jahren zuvor. Ich schmiss die Liste weg und grübelte abendelang vor mich hin.

Natürlich fragte Sabine, wie es mir ging. Sie merkte, wie nachdenklich und unzufrieden ich war. Ich erklärte, dass mich ein Jobproblem umtriebe. Dass mich etwas ganz ungemein stören und ich mir Gedanken machen würde.

«Wie viel ist ein Job eigentlich wert? Ich meine, welchen Stellenwert hat er im Leben? Ist es nicht Wahnsinn, dass wir jeden Tag mehr als ein Drittel unserer Zeit für die Arbeit verwenden?»

«Oh, ich hatte eher gedacht, dass du dir wegen deiner Quartalspräsentation Sorgen machst ...»

«Das auch.»

Natürlich, das auch. Diese verdammte Quartalsbilanz lag mir quer wie ein Backstein im Magen, und ich bekam Schweißausbrüche, sobald ich den Dateinamen der Präsentation auf meinem Rechner überhaupt las. Was aber doch nur zeigte, wie unzufrieden ich mit meinem nichtssagenden Job generell war.

Nichtssagend ist übrigens ein gutes Stichwort. Was tat ich denn in meinem Job? Ich trug nichts zum Klimaschutz bei, löste keine gesellschaftlichen Probleme, beseitigte keine Ungleichheit. Das, was ich tat, war einfach nur völlig belanglos. Und überflüssig. Warum setzte ich dann so viel Energie, Mühe, Kraft, Ausdauer und Zeit in diesen Job? Es ist ja nicht so, als ob ich die Welt retten wollte. Ich bin keine Greta, ich bin ein alter weißer Mann. Dennoch: Was bin ich eigentlich wert? Was ist mein Beitrag zur Geschichte? Was würde bleiben, wenn ich nicht mehr da war, wenn ich starb?

Ein kleines, halb abbezahltes Einfamilienhaus, zwei Kinder, eine Witwe, ein uncooler Familienvan, ein paar schlechte Witze und peinliche Anekdoten von Familienfeiern, und das war es auch schon. Ich war nicht nur niemals in New York – ich würde auch nie den Weltverlauf verändern.

Gut, das muss ja vielleicht auch nicht sein, man muss ja auch nicht ganz nach oben greifen, zumal man womöglich auch nicht das Potenzial dafür hat (ich gebe zu, dieses Eingeständnis, dass man nicht zu Höherem geboren ist, trifft mich schon stark). Aber wenn man eben kein Gandhi, keine Johanna von Orleans ist, dann kann man entweder «jeden Tag die Welt ein kleines Stückchen besser machen», oder man verabschiedet sich von dem albernen altruistischen Gedanken und konzentriert sich endlich mal nur auf sich. Und dass, was man selbst will. Zum ersten Mal nach all den Jahren, in denen man alles für die Familie geopfert hat.

Es dauerte ein paar durchwachte Nächte, dann wusste ich, was ich immer schon werden wollte: Autor! Und deshalb setzte ich mich hin und schrieb all das hier.

PS: Hemingway kann einpacken, ich kann das besser!

PPS: Ich kann nicht mal einen einzigen geraden Satz schreiben. Das ist doch alles nur weinerliches Gesülze hier. Jämmerliches Rumgejammere eines alten, depressiven, unnützen und ungeliebten Idioten.

PPPS: Schreiben hat natürlich immer etwas Therapeutisches. Es hilft, wenn man seine Gedanken, seine Sorgen, seine Ängste, seine Fragen niederschreibt. Wenn man sie in Worte gießt. Damit man einmal klar vor Augen hat, was einen beschäftigt. Schwarz auf weiß. Vor allem, wenn man niemanden hat, mit dem man darüber reden kann.

SECHZEHNTES KAPITEL, *in dem ich*
eine Reise machen will

Ich will nicht mehr ins Büro. Am liebsten möchte ich weg. Weit weg. Und das hat nicht nur mit meinem entsetzlich langweiligen, kräftezehrenden, unergiebigen Idiotenjob zu tun. Also auch. Aber es hat vor allem etwas damit zu tun, dass ich letztens eine unangenehme Situation mit meiner Kollegin Betty hatte.

Betty ist seit drei Monaten bei uns. Sie ist eine totale Bereicherung. Betty hat diesen wachen Blick, tolle runde Mandelaugen und einen schlanken kleinen Po, der vom Klettern (davon hat sie letztens in der Mittagspause erzählt) total durchtrainiert ist. Sie macht trockene Bemerkungen in den Konferenzen, die mir immer wieder zeigen, dass wir eigentlich Brüder im Geiste sind und dem ganzen Bürowahnsinn mit gleicher Münze begegnen. Mit einem halbironischen Schmunzeln, ohne das man das alles ja nicht ertragen kann. Wir verstanden uns also super. Wir waren Freunde.

Oder sogar mehr?, habe ich mich vor ein paar Tagen gefragt.

Ich habe schließlich ihre Blicke während der Meetings gesehen. Unser verschwörerisches, blindes Einverständnis, wenn es darum ging, den Idiotenchef auflaufen zu lassen, war ja eindeutig. Und ich spürte, dass sie mich länger ansah als nötig. Dass sie mir manchmal Blicke hinterherwarf, wenn ich über den Flur ging. Genauso wie ich ihr. Ich war mir ziemlich sicher, dass Betty einen kleinen Crush auf mich entwickelt hatte. Warum auch nicht? Ich habe meine Sportpraxis intensiviert, hab meine Ernährung im Griff, und mein Frust im Job hat zu einer ironischen Distanzierung geführt, die jede Menge trockener Bemerkungen produzierte, über die sich vor allem Betty amüsierte.

Am Abend vor der Quartalsbilanz waren wir noch lange im Büro. Überstunden standen an, weil bestimmte Berichte und Auswertungen einfach zu spät gekommen waren. Und weil ich aus lauter Trotz viel zu lange nichts getan und mein Phlegma genossen hatte.

Der Tag war jedenfalls lang gewesen, meine Augen vom Starren auf den Computer müde und ich ganz erschöpft, als Betty reinkam und mich fragte, ob ich nicht mal eine Pause machen wollte, sie hätte die Nase voll und wünschte sich, den ganzen nutzlosen Laden in die Luft zu sprengen. Das Einzige, was sie davon abhalten könnte, wäre ein Drink. Kurz darauf fischten wir in der Teeküche irgendeine Sektflasche aus dem Kühlschrank und prosteten uns gegenseitig zu. Wir waren mittlerweile alleine im Büro, unsere Energie war aufgebraucht, es reichte nur noch für ein paar bittere Witze über den Chef. Und für ein paar Momente des blinden Einverständnisses. Für ein paar etwas zu lange dauernde Blicke in die Augen des Gegenübers. Wir wussten beide, was jetzt geschehen würde.

Ohne weiter darüber nachzudenken, trat ich vor und

küsste Betty auf den Mund. Und spürte, wie sie sich versteif-te. Mir war sofort klar, dass ich v-ö-l-l-i-g falschgelegen hatte. Die ganzen letzten Wochen, in denen ich dachte, dass sie auf mich stand. Dass sie mit mir flirtete.

Das musste die vollends pikierte Betty mir dann gar nicht mehr sagen. Sie tat es dennoch. Dass ich mir an-scheinend etwas eingebildet hatte. Dass ich wohl etwas missinterpretiert hatte. Dass sie glücklich mit ihrem Freund sei. Dass «solche Dinge» zwischen Kollegen ohne-hin nicht ihr Ding seien. Dass sie mich für meinen bitte-ren, depressiv angehauchten Sarkasmus schätzte, aber mehr auch nicht. Und dass ich vielleicht ein bisschen aufpassen sollte – der Chef und die Kollegen seien schon misstrauisch, ich wirke wie einer, dem das hier alles egal und der auf dem Absprung sei.

All das wollte ich gar nicht hören. Ehrlich, Betty hätte sich und mir das alles ersparen können. Vielen Dank auch. Nicht nur, dass sie mir etwas über meine Außendarstellung sagte, die offensichtlich von Verzweiflung und Bitterkeit geprägt war. Das Schlimmste war, dass ich mir komplett etwas eingebildet hatte. Ich war wieder der fünfzehnjähri-ge Junge, der nur um sich selbst kreiste und gar nicht mit-bekam, was in der Welt um ihn rum passierte, und dass man ihn für verschroben, skurril und seltsam hielt.

Ich stotterte mir eine Entschuldigung zurecht. Nicht mal darin war ich souverän. Dann machte ich, dass ich nach Hause kam.

In den nächsten Tagen war die Stimmung im Büro angespannt. Es war ein totaler Eiertanz. Ich versuchte, Betty, so
gut es ging, aus dem Weg zu gehen – aber da sie anscheinend dasselbe tat, trafen wir uns plötzlich an ungewohnten
Orten wieder. Nur um knallrot anzulaufen (also ich) und
dann so schnell wie möglich zu verschwinden (sie). Es war
grauenhaft. Ich habe den einzigen Mitstreiter, den ich auf
der Arbeit hatte (oder vielmehr – zu haben glaubte), verloren. Schlimmer noch: Ich habe ihn selbst vergrault. Ins
Büro zu fahren, ist mir seither fast unmöglich. Ich tue es,
weil ich muss, aber eigentlich will ich einfach nur noch
raus. Weg hier.

Genau das sagte ich neulich Abend Sabine. Also, ich ver-
schwieg natürlich alles rund um Betty, aber ich erklärte,
dass mir die Decke auf den Kopf fiel und ich das Gefühl
hatte, ich müsse dringend mal raus.

«Geh doch an die frische Luft.»

«Danke, Sabine. Aber das ist nicht ganz das ‹raus›, von
dem ich spreche. Ich möchte mal ein paar Tage weg. Richtig
raus. Durchatmen. Ein bisschen entspannen. Mal ein bisschen Zeit für mich alleine haben ...»

«Alleine?» Sabine war völlig baff.

Was unsere Urlaubsgestaltung angeht, machen Sabine
und ich es wohl wie die meisten deutschen Ehepaare mit
kleinen Kindern. Ein- oder zweimal im Jahr machen wir
einen mehr oder weniger ausführlichen Urlaub. Während
der Oster- oder Herbstferien irgendwelche Kurztrips an die
deutsche Nordsee oder in den Schwarzwald, in den letzten

Jahren auch mal ins europäische Ausland, weil das Fliegen immer billiger geworden war. Im Sommer fahren wir immer ins europäische Ausland. Es heißt: Holland.

Leider.

Aber Urlaub ist teuer, Holland ist nah, und Sabine hat eine diffuse Flugangst. Außerdem neigen wir Menschen anscheinend dazu, nicht nur Kinderzahl und Wohnsituation, sondern auch die Urlaubserlebnisse unserer Kindheit zu reproduzieren. Wenn unsere Eltern jedes Jahr mit uns in die Skiferien gefahren sind, ist das irgendwann in unserer DNA festgeschrieben. Deswegen packen wir dann jedes Jahr rund um Weihnachten Kinder, Skischuhe und Fellmützen ein und brechen in völlig überlaufene Skigebiete auf, wo wir oft lange im Lift anstehen, eher wenige Pisten hinunterfahren und dafür abends sehr viel heißen Jägerschnaps trinken, während sehr laut sehr schlechte Musik läuft.

Es ist offensichtlich: Ich bin keiner, der früher mit seinen Eltern in den Skiurlaub gefahren ist.

Wir waren in Frankreich oder Italien und haben gecampt. Und wir haben jede Mittelmeerinsel unsicher gemacht, weil meine Mutter ihre frankoromanischen Phantasien ausleben musste. Deswegen haben wir auch keine großen Fernreisen gemacht, Übersee gab es nur ein paar wenige Male, dafür erinnere ich mich um so besser und lebhafter: an den Grand Canyon, an Los Angeles und an die Videospielarkaden in Las Vegas natürlich. Nein, ich bin nicht groß in der Welt herumgekommen, aber ich habe ein bisschen daran geschnuppert.

Sabine ist in Holland gewesen.

Jedes Jahr wieder. Immer in derselben Gegend, meist in demselben Ort und – hey, warum auch nicht? – fast immer im selben Ferienhaus.

Beziehungen und Partnerschaften können nach außen noch so gleichberechtigt wirken, im Kern aber ist es oft *ein* Partner, der die meisten Entscheidungen trifft. Auch wenn es vorher sachliche, intensive und einander wertschätzende Diskussionen mit offenem Ausgang gibt – am Ende wird es so gemacht, wie dieser eine Partner will. Und das ist die Frau.

Ich sage das nicht eingeschnappt oder kritisch oder weil ich irgendwelche Klischees und Vorurteile bedienen will. Ich kenne es einfach nicht anders. Meiner Meinung nach liegt es daran, dass die Frau meistens die besseren Argumente hat.

«Aber schau, es ist nah, wir kommen mit dem Wagen hin und müssen nicht fliegen. Das Geld, das wir dadurch sparen, können wir anders auf den Kopf hauen.» Was wir dann allerdings nicht taten, nie wurde irgendein Geld auf den Kopf gehauen! Oder: «Wenn wir diesen Wagen kaufen, dann haben die Kinder hinten mehr Platz, und wir können sogar die Räder mitnehmen. Und außerdem: Wer schneller als hundertachtzig fährt, ist ein Umweltsünder und hat Penisgrößenkomplexe.» Dass auch Ästhetik eine Rolle spielen konnte, wurde abgetan. Genau wie der Wert von Architektur und Design: «Diese Loftwohnung kann man im Winter unmöglich heizen. Und hallo, DU willst doch unbedingt, dass die Kinder einen eigenen Bereich haben, wie soll das hier in dieser offenen Ebene gehen?»

Weil Sabine oft die besseren Argumente hat – und ich

irgendwann der Diskussionen müde war –, fuhren wir also häufig nach Holland. Denn: Es ist nah und die Reise keine Strapaze für die Kinder. Erst als sie größer wurden, konnte man ihnen offensichtlich längere Strecken zumuten, das war Sabines Meinung. Und wir fuhren dann, hui, auch mal acht Stunden nach Frankreich. Oder Italien. Aber dann doch wieder nach Holland. Andere Leute packen ihre zwei und vier Jahre alten Kinder und fliegen nach Kuba, wo sie sich ausschließlich mit örtlichen Linienbussen fortbewegen. Oder sie machen Surfcamps in Costa Rica, und die Kinder werden von irgendwelchen Animateuren betreut oder lernen eben auch surfen. Andere Kinder lernen, dass thailändisches Essen scharf ist, aber lecker. Oder dass Island voller heißer Quellen ist. Oder wie echte, lebende Kängurus aussehen. In Australien.

Aber gut, sei's drum, ich bin nicht neidisch. Nie gewesen.

Andererseits: Warum reist man? Was treibt einen eigentlich an, jedes Jahr seine Sachen zu packen und sich in überfüllte Flugzeugzubringerbusse, Zugabteile oder Schlangen vor der Strandpommesbude zu quetschen? Warum zwängt man sich in unvorteilhafte, viel zu eng geschnittene Badehosen oder Skianzüge, in denen man aussieht wie ein Michelin-Männchen (nicht nur im Skianzug, erst recht in der Badehose)? Warum gibt man horrendes Geld für überteuerte Mitbringsel, Pizzen, Kaltgetränke, Sonnenbrillen, Eintrittskarten, Strandkörbe, Restaurantbesuche, zu kleine Hotelzimmer, vollgeschwitzte Saunaliegen und so weiter aus? Warum nimmt man all die Strapazen, die Quengelei der Kinder, die der Ehefrau, die eigene Aggression, die anstrengende Fahrt, die quälende Enge im Flugzeug, auf der Fähre oder im eigenen Pkw auf sich? Warum steht man das alles durch?

Weil Reisen bildet. Gut, das ist der Satz aus der Beilage des Goethe-Instituts in der *Zeit*. Ich formuliere es anders: weil Reisen einem Horizonte aufzeigt (vornehmlich den eigenen), weil es Neues erfahrbar macht, neue Blickwinkel, Gerüche, Erfahrungen ermöglicht. Weil es einen aus der Komfortzone rausreißt.

Ich muss zugeben, dass meine eigene Komfortzone in letzter Zeit arg beschnitten war. Ich fühle mich unwohl, habe krasse Fluchtimpulse und drei Millionen Gedanken im Kopf, die ich hier zu Hause nie werde ordnen können. Deswegen: Ich muss mal raus! Allein!

Die anderen machen es doch auch. Marc etwa mit seinen unzähligen Singleurlauben. Aufgrund seiner Bindungsstörung ist es natürlich naheliegend, dass er alleine aufbricht. Erstens, weil er niemanden hat. (Zumindest niemanden, mit dem er so ein «großes» gemeinsames Ding machen würde, schließlich ist ein Urlaub, der länger dauert als ein paar durchgevögelte Nächte in einem Pariser Hotelbett, ja irgendwie schon ein Commitment.) Und zweitens fährt Marc natürlich alleine los, *um* jemanden kennenzulernen. Man nimmt ja auch keine Henne mit in den Hühnerstall. So ähnlich geht doch das Sprichwort, oder? Aber nicht nur Marc, selbst Rainer unternimmt jedes Jahr seine Radtouren. Ganz allein. Ohne jemanden sonst. (Okay, weil niemand mit ihm Schritt halten kann.)

Aber alleine.

DAS will ich auch.

Nein, ich will keine Singlereise, womöglich in einen Club, wo lauter andere Singles verzweifelt darauf warten, dass man sie anspricht. Keinen Sporturlaub – oh Gott, wie anstrengend. Keine Bildungsreise, verknüpft mit Töpferkurs in der Toskana. Ich will meine Ruhe, Abstand, ich will auf mich allein zurückgeworfen sein, ich will mich selbst wieder spüren, will rausfinden, was ich will. Hier. Jetzt. In meinem Leben.

Ich will in ein Kloster. Oder meinetwegen auf den Jakobsweg, obwohl der so überlaufen ist. Aber ohne Verantwortung, ohne Plan und ohne Gepäck. Und ohne Sabine und die Kinder.

Kein Wunder, dass Sabine wenig begeistert ist.

PS: Wenn man Regeln und bestehende Gewissheiten in einer Partnerschaft neu überdenkt, Änderungen anregt, sich flexibel zeigt, dann kann es sein, dass man seinen Partner damit überfordert. Was zur Folge hat, dass man schräge Blicke erntet oder hämische Kommentare, wie zum Beispiel: «Jakobsweg? Kloster? DU??? Das letzte Mal, dass Glauben in deinem Leben eine Rolle gespielt hat, war, als du *geglaubt* hast, dass Köln tatsächlich die erste Pokalrunde übersteht.»

«Wieso kannst du dich denn dadran erinnern???»

«Weil du so fest davon überzeugt warst, dass du auch noch Geld darauf gesetzt hast.»

Es kann bedeuten, dass gefordert wird, dass man eine

solche Exkursion von seinem eigenen Ersparten bezahlt. Und dass diese überhaupt nur erlaubt wird, wenn die Gegenseite ebenfalls einen Freiraum zugestanden bekommt. Und zwar zehn Tage, während der Herbstferien, in denen ich allein auf die Kinder aufpassen werde.

PPS: Na danke. Und Kommentare wie «Du legst ja plötzlich so viel Wert auf Abstand – dann wunder dich nicht, wenn ich heute Abend nicht mit dir schlafen will» kassiere ich auch noch.

PPPS: Irgendwie habe ich eine Lawine losgetreten. Sabine ist Feuer und Flamme für diese Urlaubsidee, also nicht *meine*, sondern die daraus resultierende ihre. Seit Tagen macht sie nichts anderes, als Internetseiten zu wälzen und mit Claudi zu konferieren, denn so viel steht fest: Die beiden werden zusammen fahren. Egal wohin. Hauptsache, weg von den Ehemännern und den Kindern. Je länger ich den beiden zuhöre (und es geht nicht anders, Sabine hat eine laute Telefonstimme), desto klarer wird mir, dass sie einen starken Freiheitsimpuls haben und froh sind, «endlich, *endlich* rauszukommen». Fast werde ich ein wenig eifersüchtig. Ich habe immer noch nix gebucht. Kann mich nicht entscheiden.

SIEBZEHNTES KAPITEL, *in dem ich aus Versehen Survivaltraining mache*

Sabine und Claudi fuhren nach Rom und verbanden den Städtetrip mit einer Woche in einem Wellnesstempel vor den Toren der Stadt. Es gab herausragendes italienisches Essen, einen grandiosen Pool, die größten und weichsten Betten der Welt und ein extrem zuvorkommendes, charmantes Personal.

Nachdem ich mit ihr gesprochen und den Telefonhörer aufgelegt hatte, hoffte ich auf einmal, dass das Hotelpersonal nicht *zu* zuvorkommend und charmant war und sie auch wirklich alleine in diesem größten und weichsten Bett der Welt lag. Ich habe immer noch Zweifel, was Sabines Resistenz gegenüber betrunkenen Komplimenten braun gebrannter italienischer Kellner betrifft. Genauer gesagt ist es eine Wunde, die nicht wirklich heilt, obwohl das über zwanzig Jahre her ist. Andererseits, vielleicht sollte ich mich davon endlich mal lösen. Schließlich habe ich ja selber, hm …, offensive Versuche in diese Richtung gestartet. Sollte ich nicht die Größe haben, Sabine so etwas auch zuzugestehen?

Ich sollte. Ich bin souverän. Eins mit mir. Ich bin ein *Mann*.

Auch um das zu beweisen, habe ich meinen eigenen Trip gemacht. Im Gegensatz zu einem Pillepalle-Urlaub mit fangfrischem Fisch bei einem Surf-und-Yoga-Retreat in Portugal oder mit selbstgemachtem Käse auf einer Rotwein-Tour durchs Burgund, sollten es Proteinriegel, Beeren und Waldfrüchte sein.

Bei einem Wanderwochenende in der Eifel.

Mit Marc. Und mit Rainer.

Ich kann mir bis heute nicht genau erklären, wie meine Pläne für einen idyllischen Urlaub ALLEINE sich dahin gehend wandeln konnten.

Na ja, es war wohl das Verantwortungsgefühl Marc gegenüber. Der steckte in einer tief depressiven Phase, nachdem sich eine Frau *von ihm* getrennt hatte. Und nicht, wie sonst, andersherum. Es ist nicht so, dass Marc nie verlassen wird, viele Frauen durchschauen ihn schnell und lassen sich gar nicht erst richtig auf ihn ein. Aber jedes Mal trifft es ihn hart. Jedes Mal härter. Und jedes Mal erklärt er dann, dass die Frau eigentlich die große Liebe gewesen sei, verstehst du, sie war *besonders*. So etwas habe ich noch nie gefühlt, ihre Augen/Eleganz/Duft/Haut/langen braunen Haare/langen blonden Haare/berufliche Energie, verstehst du – eine totale Selfmade-Frau, die sich von niemandem etwas sagen lässt!

Und manchmal weint er dann.

Ich musste mich also zum einen um den desolaten Marc kümmern.

Zum anderen hatte die Tatsache, dass Sabine und Claudi zusammen im Urlaub gewesen waren, zu Dynamiken im

Freundeskreis geführt, an deren Ende ich nicht mehr anders konnte, als Rainers euphorischen Vorschlag anzunehmen, ein krasses Männerwochenende in einem Wald in der Eifel zu erleben. Wir würden Survivaltraining machen, Standortbestimmung lernen, Orientierungswanderung, Outdoorkochen, wir würden Behelfshütten bauen, Pilze bestimmen und in drei Tagen zu uns selbst kommen.

Es gibt ja einen immer größeren Trend zurück zur Natur. Je weiter wir uns durchtechnisieren, desto stärker sehnen wir uns nach Echtheit, Rohheit, Authentizität. Dazu gehört auch, dass man sich möglichst regional ernährt, denn Flugmangos sind vielleicht lecker, aber nicht authentisch. Zumindest nicht hier in Deutschland. Die Leute singen Loblieder auf die biologische Küche. Urban Gardening ist ein großes Ding. Und auch ich sympathisiere damit. Ich achte doch eh schon auf gesunde Ernährung! Gut, mal abgesehen von der Woche mit den Kindern alleine, als ich keine Lust hatte zu kochen und in der ich an meinem Ruf als Superdaddy gearbeitet habe. Indem es einfach nur halb so viele Einschränkungen, Verbote und Regeln gab wie sonst. Und dafür mehr Fast Food.

Aber das war vorbei. Anschließend war ich voller guter Vorsätze. Voller Enthusiasmus. Es würde ein großartiges Männer-Wochenende werden, ich würde in der Natur auf mein Selbst zurückgeworfen werden, würde mich wieder spüren, die Kräfte der Elemente, die Größe des Kosmos, mich endlich selbst wiedererkennen, mich finden.

Ich würde wirklich gerne sagen, dass ich an diesem Wochenende zu mir selbst gekommen wäre. Aber ehrlich gesagt war ich nur am Ende meiner Kräfte angelangt, als ich nach den drei Tagen endlich völlig erschöpft, unterernährt, von blutigen Wunden übersät und sehr schlecht gelaunt nach Hause kam und direkt ins Bett fiel.

36 Stunden zuvor waren Marc, Rainer und ich aufgebrochen, hatten wetterfeste Kleidung und Schuhe, Schlafsack und Isomatte, ein Jagdmesser, Taschen- und Stirnlampe und einen Rucksack dabei, der nur mit dem Nötigsten, also vor allem mit Proviant gefüllt war. Triathlet Rainer hatte solche Abenteuerurlaube zwar noch nie gemacht, sich aber viel angelesen. Basierend auf seinen Erfahrungen als Pfadfinder vor dreißig Jahren, würde er unseren Guide geben und Marc und mich in drei Tagen durch das unwirtliche Waldgebiet führen.

Es dauerte nicht lang, da stellte sich heraus, dass Rainer ein besserwisserischer Diktator war. Ein Faschist, der meine Kosmetikartikel umgehend entsorgte, weil sie nicht biologisch abbaubar waren.

«Wir hinterlassen keine Spuren», erklärte Rainer, «wir werden eins mit der Natur.» Dass das Zurücklassen meines Duschgels im Bahnhofsmülleimer von Kall in der Eifel eine Verschwendung von Ressourcen und übrigens auch umweltschädigend war, wollte ihm nicht einleuchten. Ebenso wenig die Notwendigkeit der Whiskeyflasche in Marcs Rucksack. Wenn wir doch an diesem Wochenende zu uns selbst kommen wollten, brauchten wir solche Stimulanzien nicht. «Zu deiner eigenen Sicherheit, Marc. Du brauchst das nicht. Mach dich nicht klein. Steh zu dir und deinem Selbst.» Und Marc – der wirklich in einer desolaten

Phase war – ließ sich auch noch darauf ein! Rainer, der alte Menschenverdreher!

Ich konnte es nicht fassen.

Ich konnte auch nicht glauben, dass wir aus ein paar Stöcken und Ästen eine Behelfshütte bauen sollten. Und ich hatte recht. Die Hütte fiel zusammen, als ich gerade hineingeklettert war. Und nein, ich bin NICHT an die zentrale Stütze gekommen. Das ist eine infame Unterstellung.

Aber gut, wer braucht schon eine Hütte, wenn man ohne in den nächtlichen Sternenhimmel schauen kann? Nun, die Leute, die keine Lust haben, sich vollregnen zu lassen.

Man muss es mal in aller Deutlichkeit sagen: Es war Anfang Herbst, es herrschte ein ungemütliches Wetter mit viel Wind und immer wiederkehrenden Schauern. Und wir waren in einem Waldgebiet fern der Zivilisation – zumindest fanden wir keine, denn Rainer stellte sich zwar als krasser Sportler, aber dafür als miserabler Karten- und Kompassleser heraus. Und Marc, der diese Fähigkeit zuvor breitschultrig für sich deklamiert hatte, war nichts als ein erbärmlicher Lügner.

Dennoch war die Stimmung am ersten Abend noch beinahe gut, wir waren voller Zuversicht auf ein spannendes, «ehrliches und authentisches» Wochenende, selbst ich, der da noch gar nicht sehen konnte, wie tief meine Stirnwunde von dem herabfallenden Dach unserer Behelfshütte war. Jetzt weiß ich – es wird eine Narbe bleiben. Für immer.

Am Anfang lachten wir noch über die kleinen Regentropfen. Wir hatten uns den Bauch vollgeschlagen, lagen in unseren Schlafsäcken rund um das Feuer herum, das

Rainer nur mit trockenem Holz und einer Spindel angezündet hatte, und wir fühlten uns trotz der kleinen Meinungsverschiedenheiten am Nachmittag dann doch recht verbunden. Es war schön, draußen in der Natur zu sein. Unter Männern. Unter Gleichgesinnten.

Und unter Raubtieren.

Es ist kaum zu fassen, welche und wie viele Geräusche so ein Wald in der tiefschwarzen Nacht macht, fern der Zivilisation. Und wie laut diese Geräusche sind.

Es ist ebenfalls kaum zu fassen, wie man so doof sein kann, seine Wasserflasche zu verlieren. Oder seinen ganzen Proviant am ersten Abend aufzuessen. Im Folgenden mussten wir feststellen, dass es im Wald nirgendwo Beeren gab. Oder irgendwelche Tiere, die wir mit einem selbstgebauten Bogen erlegen konnten. Dass die unfehlbare Knotentechnik des Bogenseils doch fehlbar war. Es grenzt an ein Wunder, dass wir dennoch einen Hasen erlegten. Weil wir das arme Tier am Rande eines Steinhangs derart aufschreckten, dass es einen Hopser machte, auf einem Stein aufkam, der sich am Hang löste und mit dem Hasen in den Abhang rauschte. Der Hase stürzte zu Tode.

Es ist auch kaum zu fassen, das ausgerechnet ich dem armen Hasen das Fell abziehen sollte. (Ich hatte beim Schnick, Schnack, Schnuck verloren.) Dass ich mir dabei in den Finger schnitt und vor den anderen heulte. Aber nachdem ich zuvor mannhaft meinen unfassbaren Ekel über das Fellabziehen unterdrückt hatte, konnte ich einfach nicht mehr. Also, ich habe keine Probleme damit, rohes Fleisch anzufassen oder Tiere zu zerlegen. Aber eben:

Supermarkttiere. Solche, wo kein Fell, keine Federn, wo kein Kopf, keine AUGEN mehr dran sind!

Es ist übrigens auch überhaupt gar nicht zu fassen, dass Rainer dann KEIN Feuer anbekam. Ja, es hatte geregnet und alles war nass. (ALLES. Ich auch. Bis auf die Unterhose. Über 30 Stunden lang!) Aber dass Rainer kein Feuerzeug mitgenommen hatte, zeugte einmal mehr davon, dass er ein blasierter, besserwisserischer Aufschneider-Nazi-Diktator war, der keinerlei Empathie, Ahnung oder Fähigkeiten hatte. Außer, ein Angeber zu sein. *Darin* war Rainer wirklich gut.

Ich hasste ihn.

Ich hasste ihn, als wir ausrutschten und in den Bach fielen. Als sich die harmlosen Pilze, die wir fanden, als hochgiftig herausstellten (nur ein Blick in Marcs Survivalhandbuch, für das Rainer ihn belächelt hatte, hat uns das Leben gerettet).

Ich hasste ihn dafür, dass wir kilometerweit in die falsche Richtung marschierten, obwohl ich doch definitiv ein Auto gehört hatte!!! Von rechts. RECHTS!

Ich hasste Rainer dafür, dass er in einem Hochgeschwindigkeitstempo vorwegging, sich nie umsah und es quasi unmöglich war hinterherzukommen. Und ich hasste ihn sogar dafür, dass ICH so untrainiert war.

Oder auch dafür, dass Marc sich mit ihm besser verstand als mit mir. Marc war doch *mein* Freund! Zwischendurch hatte ich das Gefühl, als würden mich die beiden belächeln. Als würden sie sich gegen mich verbünden. Ich hasste sie, ich hasste die Eifel, den Wald, den Hunger, die Nässe, die weitere Nacht in der Wildnis, meine Schrammen und Wunden überall, meine Blase am linken Fuß, die am rechten, die endlose Straße, bis wir endlich in einem Ort angekommen waren, ich hasste den Busplan, der nur zwei Verbindungen am Tag verzeichnete, ich hasste den Schaffner in der Regionalbahn, der unser Ticket nicht akzeptieren wollte, und ich hasste Sabines überheblichen Blicke, als sie uns bei der Ankunft in Köln vom Bahnhof abholte.

Ja, ich habe mich an diesem Wochenende wieder selbst gespürt. Vor allem meine Wunden. Meine Tropfnase. Meinen leeren Bauch. Mein Zittern in der Kälte. Und ja, ich habe viel über mich herausgefunden. Vor allem eins: dass ich ein Weichei bin.

PS: Ich würde Rainer sofort die Freundschaft kündigen – *wenn* ich denn mit ihm befreundet wäre. Aber das bin ich nicht mal. Er ist nur ein angeberisches, peinliches Anhängsel einer Freundin meiner Frau. Ein aufgeblasener Angeber. Ein Wixer.

PPS: Sabine und ich haben miteinander geschlafen. Endlich mal wieder. Anscheinend haben meine Abenteuer irgendeinen Achtungsimpuls bei ihr ausgelöst. Sie findet mich wieder toll, kernig, männlich, sexy.

PPPS: Oder es war Mitleid.

ACHTZEHNTES KAPITEL, *in dem ich eine besondere Geburtstagsüberraschung erlebe*

Geburtstage sind ja was Schönes. Vor allem sind Geburtstage dann großartig, wenn man ein Kind ist und die Playmobil-Burg bekommt, die man sich so lange gewünscht hat. Oder das Piratenschiff. Geburtstage sind toll, wenn man 13 wird und endlich, schwarz auf weiß, ein Teenager ist. Oder mit 14, weil man dann offiziell ein Jugendlicher ist. Dann darf man nicht mehr gegen seinen Willen adoptiert werden. Und das ist doch mal ein großer Fortschritt, oder? (Ich habe ehrlich gesagt gar nicht gewusst, dass man da vorher keine Mitbestimmung hat …) Ab 14 darf man alleine in den Urlaub fahren, sofern die Eltern es erlauben. Und man ist bedingt strafmündig, was uns damals, als wir mit 14 allerhand Unsinn im Kopf hatten, einerseits fasziniert, andererseits auch Respekt eingeflößt hat. Unsere kurze Kriminellenkarriere brach sofort ab. Wir hatten zuvor ein paarmal Schokolade geklaut. Aus mir heute unerklärlichen Gründen. Außer dass die im Fünferpack stibitzte Milka-Schokolade einfach doppelt so lecker schmeckte, als hätten wir sie moralisch einwandfrei und käuflich erstanden.

Geburtstage machen Spaß, wenn man 16 wird und auf der eigenen Geburtstagsparty im elterlichen Keller so lange rumknutscht, bis man halb ohnmächtig wird. Geburtstage sind «der Burner», wenn man 18 wird und sich endlich nichts mehr von seinen Eltern sagen lassen muss. Also, außer wann es Abendessen gibt und dass man weiterhin den Rasen mähen muss, solange man drauf besteht, Taschengeld zu bekommen und die Füße weiterhin unter den elterlichen Tisch zu stellen. Dann muss man sich außerdem anhören, dass man aufhören soll zu rauchen. Und dass man sich – aller Freiheiten zum Trotz – nicht einfach davonstehlen soll, sondern wenigstens ungefähr sagen muss, ob man nachts nach Hause kommt oder bei Lotte schläft. Und übrigens muss man sich mit 18 auch anhören, dass es ja schön sei, dass man mit Lotte zusammen ist und sie ja auch wirklich eine Nette ist, aber es lebten ja auch noch andere Menschen hier im Haus, und die Wände wären nun mal quasi in Leichtbauweise entstanden, und daher höre man jedes Wort und vor allem nicht nur das, und besonders Lotte sei ja recht … Räusper … *stürmisch.*

Aber davon mal abgesehen sind Geburtstage ziemlich gut. Allerdings nimmt das von Jahr zu Jahr ab. Es gibt Geburtstage, die feiert man alleine in der neuen Studentenstadt auf einer Matratze auf dem Boden, und das, womit man sich selbst zuprostet, ist der billigste Sektfusel, begleitet von einer Tüte Erdnussflips, weil man einfach kein Geld mehr für irgendwas Anständiges hatte. Auch nicht, um die Handykarte aufzuladen, sodass an diesem Tag tatsächlich so gut wie niemand anruft. Da kann man dann schon mal melancholisch werden.

Anscheinend bekommen die jungen Menschen heutzutage gerne eine Quarterlife Crisis, spätestens zu ihrem 30. Geburtstag, weil sie erfüllt sind von Angst und Panik vor der Zukunft und gleichzeitig völlig verunsichert über ihre Vergangenheit.

Es gibt auch 30. Geburtstage, an denen man völlig entspannt und glücklich im Hier und Jetzt und mit einer wunderbaren Frau an seiner Seite, die womöglich auf den Namen Sabine hört, sehr viele, sehr gute Pläne für die Zukunft schmiedet. An denen man bereits seinen ersten Job hat und erstmals seit langem eigenes Geld verdient, *richtiges* Geld. An denen man sich so was wie eine Familiengründung vorstellen kann und an denen man all seine Freunde einlädt, um es noch mal richtig krachen zu lassen. Aber was heißt «noch mal»? Wir hören doch nicht auf, Partys und Feste zu feiern und in Dissen und Clubs und Schuppen zu gehen, nur weil wir jetzt dreißig sind. Unser Leben hört doch nicht auf, wir sind doch noch jung!

Alt ist man, wenn man vierzig ist.

Das ist natürlich ein Trugschluss. Aber damals dachte man so. Damals trugen Menschen ab ihrem 40. Geburtstag Loafer und Polohemden mit hochgestellten Kragen (wahrscheinlich wurde man mit 41 einfach morgens wach und hatte unter der Bettdecke Loafer an den Füßen). Zumindest mein Onkel Jürgen trug so was, und der war seit jeher ein Ausbund an Konformität und Langeweile gewesen. Frauen schwenkten selbstverständlich ansatzlos dazu um, Leopardenmuster zu tragen. Zu und auf allem. Ab vierzig war man alt.

Heutzutage gilt das natürlich nicht mehr. In einer Gesellschaft, in der so viele Grenzen verschwimmen, in der das Streben nach Jugendlichkeit, Schönheit, Attraktivität, nach glatter Haut wichtiger ist als je zuvor, in der man sportlich, viril und kräftig bis ins Alter sein kann und in der man mit vierzig auch noch Longboards, Hipster-Fahrräder und Wasserski fahren kann, ohne peinlich zu sein, spielt das keine Rolle mehr.

Nein. Ab 45 ist man alt.

Zumindest fühlte ich mich so an jenem g-r-a-u-e-n-h-a-f-t-e-n Tag. Es sollte mein Jubeltag sein, aber mein Geburtstag endete in dem schlimmsten Desaster, das ich mir je hätte vorstellen können. Nein, es war sooo schlimm, ich hätte mir das nie und nimmer vorstellen können!

Dabei hatte der Tag eigentlich ganz gut angefangen. Ich schlief aus. Es war ein Samstag. Ich hatte nichts vor, außer eben genau dies: auszuschlafen. Und na gut, am Abend ein guter Gastgeber für meine Freunde zu sein. Und ich hatte ein bisschen vor, vielleicht mit Sabine zu schlafen, schließlich, nun ja, es war mein Geburtstag, und ich wollte so viel Schönes wie möglich erleben. Sex mit meiner Ehefrau gehörte dazu.

Aber Sabine war schon längst aufgestanden.

Das tat ich dann schließlich auch, nachdem ich noch ein bisschen gehofft hatte, dass sie vielleicht mit einem Kaffee und einem Stück Kuchen zurück zu mir ins Bett kommen würde. Aber das passierte nicht. Leicht grummelig und zerzaust erschien ich in der Küche, ich kassierte einen Kuss von Sabine und ein quietschendes «Papaaaaa» von Leonie, die genau in diesem Moment hereinstürmte. Auf den Glückwunsch von Ben musste ich noch zwei Stunden warten, bis auch er aufgestanden war. Und er begriff auch erst, dass ich Geburtstag hatte, als Sabine ihn zweimal dran erinnert hatte. Mit Nachdruck. Ein Geschenk hatte er natürlich vergessen.

Ich will es kurz machen: Die anderen Geschenke an diesem Tag waren auch eher zum Vergessen. Leonies selbstgebasteltes … tja, ich weiß gar nicht, was das sein sollte … fiel jedenfalls schon bei der Übergabe auseinander. Und Sabine hat mir ein paar Dinge geschenkt, über die sie sich bestimmt Gedanken gemacht hat. Nur leider die falschen. Ein Bartschneider-Set? Ein Reiseführer von Belgien? Ein «tolles» Buch von diesem berühmten Autor, der immer über Männer schreibt?

Geschenke sind super, wenn man ein Kind ist. Oder ein Jugendlicher. Wenn man noch kein Geld hat und darauf angewiesen ist, was einem der Weihnachtsmann, die Eltern, die Patentanten, die Kindergartenfreunde schenken. Oder später dieser nette Typ, bei dem man immer sein Hasch kauft, zusteckt, als er erfährt, dass du heute Geburtstag hast. Krass, Digger. Cool.

Geschenke später, nämlich irgendwann ab dreißig, sind eher schwierig. Denn man hat eigentlich nur zwei Möglichkeiten: Entweder man erstellt konkrete Listen, auf die man

seine Wünsche schreibt, aber dann hat das Ganze eher
was von einer Bestellliste. Oder aber man lässt sich überraschen – und vertraut darauf, dass man Freunde und Familie hat, die einen verstehen, die ein Gespür für die eigenen
Wünsche, Vorstellungen, Hobbys, Sehnsüchte haben. Und
für den Fall, dass das in seinem Freundeskreis eher nicht
der Fall ist – wie bei mir – oder dass man leicht hedonistisch
veranlagt ist – wie bei mir –, kauft man sich die Sachen, die
man gerne haben möchte, einfach selbst. Das tue ich schon
seit Jahren, und ich mag es sehr, mich selbst zu beschenken.
Aber klar, es fehlt natürlich das Überraschungsmoment. Bei
Sabine und Leonie ist das Überraschungsmoment definitiv
größer. Wenn auch nicht wirklich positiver.

Meine Geschenke an diesem Morgen waren auf jeden
Fall alle ein bisschen daneben. Genau wie ich an dem Tag.
Was auch daran lag, dass ich plötzlich doch jede Menge Pläne hatte, von denen ich nur noch nichts gewusst
hatte.

Denn so eine Geburtstagsparty schmeißt sich natürlich
nicht von allein. Es muss jede Menge gekocht, eingelegt,
gebrutzelt, zugeschnitten und angerichtet werden. Und zuvor muss das ja auch alles eingekauft werden. Das hatten
wir zwar ein paar Tage zuvor erledigt, jedoch hatte ich die
Hälfte vergessen. Wahrscheinlich waren das schon erste
Anzeichen von Demenz, scherzte Sabine, was ich für einen
sehr schlechten Scherz hielt. Wie gesagt, meine Stimmung
war irgendwie daneben.

Aber das änderte sich, als ich nachmittags beim Dekorie-
ren des Wohnzimmers ein erstes Bier trank. Warum auch

nicht? Es war mein Geburtstag, und ich hatte schon eine Menge geleistet. Der Alkohol beschwingte mich, ich war gut drauf, als ich nebenbei ein bisschen die Samstags-Fußball-Konferenz laufen ließ und ein zweites Bier trank. Und dann ein drittes, kurz bevor die Gäste kamen.

Gäste kommen übrigens immer früher, je «älter» die Geburtstage werden. Seinen 25. Geburtstag beginnt man eigentlich erst um 23 Uhr. Seinen 45. beendet man da schon.

Wenn auch nicht aus freien Stücken.

Bis dahin war es tatsächlich eine ganz gute Feier. Götz und Claudi, Rainer und Nelli, Marc natürlich, mein Yoga-Kumpel Olli und dessen Freundin, ein paar Arbeitskollegen. Als ich die Einladung in der Kaffeeküche aussprach, hatte ich auch direkt Betty mit einbeziehen müssen, aber sie hatte so viel Anstand, direkt zu erklären, dass, oh schade, sie ausgerechnet an dem Tag nicht konnte. Leider sagte sie das, bevor ich überhaupt erklärt hatte, dass es an diesem Samstag sein würde. Aber geschenkt. Ich war erleichtert, dass sie nicht da war.

Ich hatte von den Gästen ein paar gute und ein paar belanglose Geschenke bekommen, das Essen war gut, die Playlist, die ich zusammengestellt hatte, war brillant, und der Rotwein, den ich für einen sagenhaften Preis beim italienischen Supermarkt erstanden hatte, war megasüffig. Das fanden auch alle anderen, und so war es kein Wunder, dass die Stimmung immer fröhlicher, die Gespräche lauter und generell alle ein bisschen gelöster wurden.

So gelöst, dass Marc in der Küche seine Hand auf Sabines Po legte und ihr einen leichten Kuss in den Nacken drückte. Woraufhin sie sich schnell wegdrehte und leise sagte: «Nein, Marc. Wir hatten doch …» Bis sie sich dann ganz zu ihm umdrehte und mich im Türrahmen stehen sah.

PS: Nein. Mir fehlen die Worte.

NEUNZEHNTES KAPITEL, *in dem ich mich mit Achtsamkeit versuche*

Diese Welt, in der wir leben, ist verrückt. Kein Wunder, dass es seit einigen Jahren eine immer größere Sehnsucht nach Orientierung gibt, nach Halt, nach einer zweiten, anderen Ebene, die dem, was wir tun, einen Sinn gibt. Die uns in dem bestärkt, was wir tun, und uns das Gefühl vermittelt, dass wir nicht ganz so falschliegen. In unserem Job, unseren Beziehungen, unseren Freundschaften, unseren Träumen, unserer Selbsteinschätzung, unseren Ansichten, Zielen und so weiter. Dass wir nach Orientierung suchen, mag daran liegen, dass immer mehr Gewissheiten auf die Probe gestellt werden, dass die Welt immer unübersichtlicher wird, dass ehemalige Feinde plötzlich Verbündete und ehemalige Partner uns plötzlich komplett fremd werden.

Viele Menschen sind verunsichert, weil sich die Welt so rasant ändert. Und ja, damit sind auch viel mehr Möglichkeiten verbunden. Ganz neue Richtungen, Freiheiten, Visionen oder Lebensentwürfe. Dass man da ins Schwanken gerät, ist nur natürlich. Ein Hund, dem man einen Knochen hinhält, freut sich. Ein Hund, dem man viele Knochen aus unterschiedlichen Richtungen hinhält, ist überfordert. Zu viele Möglichkeiten sind halt scheiße.

Wir leben in einer Welt, in der das weit Entfernte plötzlich nahe rückt. In der wir Freundschaften und Beziehungen über das Internet aufbauen, hegen und pflegen (und auch wieder beenden) können. In der früher unerreichbares Wissen gebündelt, sofort und überall verfügbar ist. Und in der gleichzeitig viel zu viel an Wissen vorhanden ist, unnütze, doofe, ekelerregende, verstörende Informationen, die wir besser nicht gehabt hätten, die uns verwirren, ablenken, uns in Zweifel stürzen. Etwa, wenn wir den WhatsApp-Verkehr von Marc und Sabine lesen.

Es ist ein Vielzuviel an allen Orten. Ich will weiß Gott nicht sagen, dass man das Internet abstellen soll – was für eine bescheuerte Idee wäre das denn? Das Internet ist für vieles gut, und wir sind im Prozess der Internalisierung dieser Vernetzung von uns und der Welt da draußen und all den Bequemlichkeiten und Herausforderungen, die das mit sich bringt, schon viel zu weit fortgeschritten. Außerdem ist es wahnsinnig praktisch, dass es so eine App wie Airbnb etwa gibt, auf der ich gerade eine Wohnung zur Zwischenmiete gefunden habe.

Ich habe eine Menge gesucht, nicht nur 40 Quadratmeter in einem Radius von fünfzehn Kilometern für 400 Euro warm, auf Zeit und gerne voll eingerichtet, sondern vor allem Antworten. Antwort auf die Frage: Wie konnte das passieren? Und warum? Und was ist das? Und was bedeutet es? Und verdammt, Sabine: WARUM?

Ich konnte einfach keinen Sinn darin finden. In ALLEM nicht.

Menschen haben schon immer nach Sinn gesucht, davon zeugen unzählige Religionskriege, Sektengründungen, Bücher, Philosophien und so weiter. Untersuchungen legen nahe, dass derjenige, der einen Sinn in seinem Leben gefunden hat (was auch immer das für einer sei), gesünder lebt. Sinnerfüllte Menschen nehmen weniger Drogen, bewegen sich mehr und ernähren sich besser – wahrscheinlich weil sie eine stärkere Zukunftsorientierung haben. Weil ihnen eben nicht alles scheißegal ist, was passieren wird. So wie mir gerade. Weswegen ich auch rauchend und trinkend auf einer unbezogenen Matratze liege, in der kalten 25-Quadratmeter-Wohnung, die ich einem jungen, dynamischen Sportstudenten für die Zeit abgenommen habe, die er gerade für ein Praktikum in der Heimat verbringt. Dass er in seiner «völlig eingerichteten Küche» nur zwei Gabeln, ein Messer, einen Dosenöffner und dafür jede Menge leere Bierflaschen hat – geschenkt. Sportstudenten halt. Auf den Fund des benutzten Kondoms unter der Matratze hätte ich jedoch verzichten können. Auf dieses ganze Sinngeblabber von mir zuvor auch.

Allerdings: Einen Sinn im Leben zu haben, erzeugt die Wahrnehmung von Bedeutsamkeit. Also das Gefühl, dass unser Tun Spuren hinterlässt, dass es einen Unterschied macht, ob wir existieren oder nicht. Und auch die Möglichkeit, ein Leben zu führen, das im Einklang mit unseren Werten steht. Eine Untersuchung hat herausgefunden, dass zwischenmenschliche Beziehungen für die meisten Menschen eine wesentliche Quelle für ein sinnerfülltes Leben sind. Wir sind nicht zum Einzelgängertum gemacht, unseren Sinn finden wir nur im Zwischenmenschlichen.

Schlimm, wenn das dann wegbricht. Aber davon abgesehen, finden wir unseren ganz persönlichen Sinn in den unterschiedlichsten Sachen. Das kann das Training für den Triathlon sein, der Internet-Blog mit den Serienkritiken, der Backkurs, der wöchentliche Nachmittag mit den Enkeln: Ein großer Teil der Aktivitäten, mit denen wir unseren Alltag verbringen, ist potenziell sinnstiftend. Aber nicht nur im Handeln finden wir einen Sinn, sondern auch im Glauben, oder aber: in Menschen.

Ich für meinen Teil habe erst erkannt, was mir einen Sinn gibt, als es weg war.

Es ist beschämend, wie billig das ist. Wie einfach man funktioniert. Das Gute liegt so nah, und man erkennt es erst dann, wenn es fehlt. Unzählige Bücher, Gedichte, Romane, Filme, Märchen, eigentlich JEDE Geschichte dieser Welt erzählt doch davon. Jeder verschissene Disney-Film! Wie konnte ich nur so dumm sein?

Menschen werden heutzutage ständig mit Visionen und Möglichkeiten konfrontiert, was einerseits toll ist, andererseits aber auch für Probleme sorgt. Jeder Instagramfeed ist nichts anderes als ein permanenter Strom von Idealbildern, von tollen Orten, Menschen, Hunden, Sonnenuntergängen, Bikinizonen, Stränden, Müslischalen, Waldspaziergängen, Infinitypools, Strandpartys, Partnern. Das führt dazu, dass viele Menschen verunsichert sind. Dass sie an sich selbst zweifeln, an ihrem Leben, ihrer Partnerschaft, ihrem Potenzial, ihrem Leistungsvermögen. Deshalb versuchen sie, aus ihrem Ich ein besseres Ich zu machen. Indem sie sich hinterfragen und versuchen zu optimieren. Indem sie Sport machen. Kältekammern nutzen, um abzunehmen oder klarer zu denken. Aus demselben Grund fangen sie an zu meditieren oder machen Yoga. Andere fangen gar nichts an, sondern hören auf. Sie verzichten. Zum Beispiel auf Nahrung. Manchmal in Intervallfastenzyklen oder gleich in ganzen Fastenkuren. Biohacker versuchen, ihre Produktivität zu optimieren, indem sie ihre Arbeit in Mikrozyklen einteilen und alle 50 Minuten Pausen oder Yoga-Übungen oder Sit-ups machen, indem sie im Stehen arbeiten und dadurch ihre Kreativität fördern. Gleiches gilt für schnelle, kurze Spaziergänge, die den Blutfluss und Sauerstoffhaushalt ankurbeln, oder für die entsprechende Musik, die die Konzentration verbessert.

Ich optimiere mich nicht. Ich lasse mich völlig gehen.

Zumindest habe ich ein paar Tage lang das Telefon ausgeschaltet und gehe kaum vor die Tür. Die Kinder sind davon überzeugt, dass ich einen spontanen Kurzurlaub mache. Und mein Arbeitgeber davon, dass ich krank bin. Ein paar Tage, die ich mir ausbedungen habe, um einfach nur für mich zu sein. Um verstehen zu können, was eigentlich passiert ist. Und warum. Ein paar Tage, in denen ich aber vornehmlich eins mache: trinken, rauchen und heulen.

Vor ein paar Tagen hatte ich aus Versehen einen nüchternen Moment. Keine Ahnung, wie das passieren konnte. Ich verließ die Wohnung und lief ziellos durch die Stadt. Die Bewegung pumpte frische Luft in meine Lungen, und das konnten diese auch wirklich brauchen, denn die Tage in einem ungelüfteten, vollgerauchten Minizimmer waren für gar nichts gut, insbesondere nicht für meine Lungen. Wohl auch nicht für den Geruch meiner Kleidung, wie ich feststellte, als einige Leute sichtlich die Nase rümpften, während sie mich passierten. Ich ging durch einen Park, ich ging mondäne Bildungsbürgertum-Altbau-Straßen entlang, ich ging durch graue, trostlose Vorstadtwüsten, spazierte zwischen Wettbüros, geschlossenen Kneipen und Discounterparkplätzen entlang. Ich ging über Feldwege, wilde Wiesen, Bahntrassen, Flussböschungen, entlang an Einfall- und Ausfallstraßen – und schließlich in eine Kirche.

Warum ausgerechnet eine Kirche? Ich war so gläubig wie ein Tennisball. Na gut, ich war früher mal katholisch gewesen, ich hatte sogar die Kommunion empfangen – und dazu all die wunderbaren Geschenke, vornehmlich Geld. Denn, wenn ich ehrlich bin: Darum war es mir damals gegangen. Als ich älter wurde und entscheiden konnte, was ich mit meinem Glauben anfangen wollte, ließ ich es erst mal weiterlaufen. Religion tat ja nicht weh, die Beiträge zur Kirchensteuer wurden automatisch abgeführt. Hätte ich Monat für Monat auf ein «Ja» klicken müssen, wäre ich vermutlich schon viel früher ausgetreten. So dauerte es ein paar Jahre, bis ich, nachdem wir unsere Kinder getauft und sie auf einer katholischen Grundschule angemeldet hatten – es steckte kein größerer Gedanke dahinter, es war einfach nur die Grundschule um die Ecke, und die war eben katholisch –, mich entschied, diese ganze Kirchensache zu beenden. Mein Entschluss hatte auch etwas mit den Missbrauchsskandalen und mit der rückwärtsgewandten Sicht der Kirche auf die Stellung und Rolle der Frau zu tun. Kombiniert mit einigen Finanzskandalen der Kurie, kam es mir so vor, als würde ich einer befremdlichen, weltfernen Sekte jeden Monat Geld in den Rachen stopfen, was diese zu einem Teil dafür nutzte, absolut irre Entgleisungen zu begehen (wie ganze Bäder mit Marmor auszustatten) und diese dann zu vertuschen.

Das mit mir und Gott war dann erst mal vorbei. Obwohl Gott vermutlich gar nichts dafür konnte. Daran musste ich denken, als ich den Kirchenraum betrat. Ein paar wenige Kirchgänger saßen in den Bänken, und hinten fand eine Führung statt. Kirchen sind ja immer auch Manifestationen von Historie, ein Kulturschatz und dadurch Stoff unzähliger Geschichten. Gut, es gab sicherlich bessere und spannendere Geschichten, und ich wollte meine Zeit eher nicht damit verbringen, freiwillig einer Kirchenführung zu folgen, aber hey, immerhin war ich in einer Kirche, das war ja schon mal was.

Auch wenn ich keine Ahnung hatte, was ich da wollte. Mit Gott sprechen? Allein bei dem Gedanken musste ich lachen. Wieder so ein weltfremder, alberner Gedanke meines bescheuerten Hirns. Warum sollte Gott zu mir sprechen? Ausgerechnet? Und wie? Ich war mir ja noch nicht mal sicher, ob es ihn gab. Für andere Leute mochte das eine Rolle spielen, andere mochten, ja meinetwegen *sollten* an ihn glauben, das war doch toll, wenn es ihnen Hilfe, Halt, Unterstützung, Kraft, vielleicht einen Sinn gab. Ich setzte mich in eine der Kirchenbänke und wartete, ob ich irgendwas verspürte. Denn Hilfe, Halt, Unterstützung, Kraft, einen Sinn, so was hätte ich auch gut gebrauchen können.

Die Kirchenbank war hart, der Raum kühl, ich fröstelte leicht, aber die Dunkelheit, die Schwere, die über allem lag, die Stille, das tat gut. Ich mochte es, dort zu sitzen. Ich spürte eine Feierlichkeit, die Andeutung von Ritualen, es waren nicht meine Rituale, aber die Ernsthaftigkeit, das tat gut. Zeit verstrich.

Es passierte nichts.

Als ich die Kirche nach zwei Stunden wieder verließ, hatte kein Gott zu mir gesprochen, hatte ich keine Erleuchtung gehabt, hatte ich nur ein bisschen Trost gefunden, eine Winzigkeit angesichts des großen Meers von Trauer, das mich umgab, innen wie außen. Vor allem aber hatte ich für einen Moment eins gefunden: Ruhe. Und das war viel wert.

In den kommenden Tagen suchte ich weiter. Ich versuchte, von Zigaretten und Alkohol zu lassen und aufzuräumen. Nein, nicht in der schäbigen Wohnung, das wäre eine Sisyphus-Aufgabe gewesen. Und die verrichtete ich an anderer Stelle. In meinem Kopf, in meinen Gedanken, ich suchte Klarheit.

Ich las und las und dachte nach über all die Impulse, die mir in den Büchern und Artikeln gegeben wurden, so seltsam und schräg ich sie manchmal auch empfand: Wo ist mein Kraftort? In den Bergen, am Meer, in meinem Bett? Keine Ahnung. Ich las, dass ich das Leben leichtnehmen und negative Gehirnreflexe abschalten, aus festgefahrenen Denkmustern ausbrechen sollte. Yoga sollte mir zu mehr Fokus und Klarheit verhelfen. Ich sollte meinen Ängsten den Kampf ansagen. Mein Sorgenmonster umarmen. Ich sollte von meinen Träumen profitieren, in den Moment abtauchen, entdecken, dass in der Stille die Kraft liegt, die rosarote Brille absetzen, und ich sollte auch Haikus schreiben, das half anscheinend auch gegen irgendwas.

Und dann sollte ich sogar Surfen lernen. Denn dabei geht es darum, sich wirklich einzulassen – und das überträgt sich auch auf den Alltag. Es ist ein Kampf gegen das Wasser, gegen die viel größere Gewalt, ein David-gegen-Goliath, den wir aber immer für ein paar Minuten oder Sekunden gewinnen können, wenn uns einmal ein Take-off gelingt, also der Moment, in dem kurz die Schwerkraft aussetzt und wir uns unendlich leicht und schnell und wagemutig und verrückt fühlen, bevor wir dann ins Wasser fallen, auf den Boden gedrückt werden, uns die Luft abgeschnürt wird, wir so schnell es geht wiederauftauchen wollen und dabei verhindern müssen, dass wir das Brett an den Kopf kriegen. Beim Surfen geht es ums Anpaddeln der Wellen, Aufstehen, Fallen, Nach-Luft-Schnappen, Sichärgern, Wieder-von-vorne-Anfangen, so lange, bis man nicht mehr kann und die Arme aus Pudding und die Lungen voller Meerwasser und die Augen rot vom Salz sind. Und dennoch verlassen wir das Wasser mit einem Lächeln, leichter, irgendwie befreit und ein bisschen demütig. Und all das kann man doch aufs Leben übertragen, oder etwa nicht?

Nun ja, den Part, in dem ich von einer Welle überspült, auf den Boden unter Wasser gedrückt, durch die «Waschmaschine», wie die Surfer sagen, gejagt wurde, in dem ich das Gefühl hatte, keine Luft mehr zu kriegen, und völlig panisch in einem Strudel versank, der mich mit unfassbarer

Kraft in den unendlichen Ozean zog, ins Nichts, ja, den Part konnte ich nachvollziehen. Von Aufstehen und Wieder-aufs-Brett-Steigen konnte dagegen keine Rede sein.

Aber ich entwickelte zum ersten Mal ein Gefühl für die Achtsamkeit, die allerorten propagiert wird. Sei es Meditation, Zen-Buddhismus oder Yoga – diese und alle anderen esoterischen Sinnfindungsbestrebungen fokussieren sich mehr oder weniger offensiv darauf, achtsam zu sein. Sich selbst wahrzunehmen, seinen Atem, seine Empfindungen, sein Verhältnis zu sich und der Welt, dem Kosmos und dem Mond, seine Stimmung in diesem Moment, seinem Bauchgefühl, seinen Verspannungen, seinem inneren Kind (was für ein Scheiß war das denn?), seinen Traumata und heimlichen Wünschen. Was willst du? Oder vielmehr: Was *bist* du? Gerade. Jetzt hier in diesem Moment.

Du.

Bist.

…

Ich bin scheiße. Ich bin ein jämmerliches Stück Selbstmitleid, das vor Arroganz, narzisstischem Egoismus und einem Rückfall in die mieseste Zeit der Pubertät (dem Teil, in dem man so gar nicht weiß, wer, was, wohin und wie man sein wollte/sollte/konnte) einen riesigen Fehler gemacht hat. Ich weiß vor allem eins: SCHEISS ACHTSAMKEIT! Die hat mich doch genau hierhergeführt! Diese fuck Selbstumkreisung! Ich hätte viel eher auf das achten sollen, was mich umgab. Auf Sabine. Wenn ich nicht wie ein egozentrisches Narzisstenarschloch die ganze Zeit um mich selbst gekreist wäre, wäre mir vielleicht aufgefallen, dass

Sabine eine Affäre hat. Mit meinem besten Freund. Der seinen jämmerlichen, bindungsunfähigen Schwanz noch in jedes weibliche Wesen gesteckt hat, das er kriegen konnte. Und jetzt in Sabine. Meine Frau!

Wobei, wie Sabine sagt, es eigentlich keine Affäre war, sondern ein etwas ausgeuferter One-Night-Stand.

An dem ich aber schuld bin.

Warum ich schuld bin? Es fühlte sich an wie der Moment in einem Agatha-Christie-Roman, wenn Hercule Poirot die üblichen Verdächtigen im blauen Salon versammelt und vor dem lodernden Kamin in einer lückenlosen Beweiskette alle Indizien aufführt, die schließlich zu dem Mord geführt haben, als sich Sabine und ich in der Nacht meines Geburtstages im Wohnzimmer hinsetzten. Nur dass es viel schmerzhafter war.

Die Gäste waren weg. Irgendwie hatten wir es hingekriegt, ein bisschen die Fassung zu wahren, und schließlich hatte Sabine allen erklärt, dass ich, der ich da völlig belämmert und debil in der Küchenecke stand und ins Nichts starrte, mir den Magen verdorben habe. Tut uns leid, ja schade, gerade an Jans Geburtstag, aber ihr versteht, es wäre jetzt wirklich besser, wenn … Und danke noch mal für die tollen Geschenke!

Als alle weg waren, sank ich kraftlos aufs Sofa. Die Playlist war ausgelaufen, Gläser standen herum, ein paar halb leergegessene Teller, zerknüllte Servietten lagen auf dem Wohnzimmertisch, es roch nach kaltem Rauch. Warum eigentlich? Von meinen Gästen hatte niemand geraucht, es war ja auch völlig uncool und verpönt. Ich zündete mir eine Zigarette an. Es war ein absolut trister, bereits verkaterter, beschämender Die-Party-ist-definitiv-vorbei-Moment. In mehrfacher Hinsicht.

Warum hatte Sabine eine Affäre mit Marc angefangen? Gegenfrage von Sabine: Warum hatte ich mich so verändert? Warum plötzlich dieser Fokus auf meinen Körper? Dieser Sportdrang? Dann ausgerechnet Yoga, von allen Sportarten der Welt? Warum wollte ich allein ins Fitness-studio? Warum hatte ich mir ein sauteures Hipsterfahr-rad gekauft? Warum legte ich auf einmal so viel Wert auf mein Aussehen? Warum dieser Diätwahnsinn, diese idio-tische Idee, auf Alkohol zu verzichten, nur damit mein Bierbauch wegging? Wen wollte ich beeindrucken? Und dann das krasse Gegenteil, diese andauernde Sauferei? Was wollte ich damit kompensieren? Warum meine an-dauernde Gereiztheit, meine permanente gedankliche Abwesenheit? Womit beschäftigte ich mich eigentlich die ganze Zeit? Warum kam ich dauernd mit neuen Klamot-ten an und ließ mir plötzlich einen peinlichen und defini-tiv nicht altersgemäßen Bart stehen? Ich war doch nicht mehr dreißig und arbeitete auch nicht in einem Hipster-Medien-Start-up. Überhaupt: Woher kam die idiotische Idee, meinen Job hinschmeißen zu wollen? Und warum führte ich auf einmal ausdauernde Spaziergänge, obwohl ich Wandern schon immer gehasst hatte? Warum plötz-lich dieser Handycode? Was war in dieser Nacht auf der Ü40-Party wirklich passiert? Woher der Wunsch, plötzlich «alleine» in den Urlaub reisen zu wollen?

«Es gibt doch nur einen einzigen Schluss: Du hast eine Affäre», sagte Sabine.

«ICH eine Affäre??? Das ist doch völlig bescheuert! Wie kommst du denn darauf? Ich würde nie …», protestierte ich.

«Und warum bist du auf Tinder?»

«…»

Eine Freundin von Sabine hatte mich auf Tinder gesehen, mein Profil gelesen und sich nach langem Hin und Her entschlossen, Sabine die schlimme, schlimme, abgründig-verstörende Nachricht zu überbringen, dass ihr Ehemann auf Tinder unterwegs war.

Nun, ich hätte drei Millionen Erwiderungen auf Sabines Fragen und Aussagen gehabt. Aber alles in allem musste ich eingestehen: Es hätte keinen Sinn gemacht. Es hätte nichts verbessert, es hätte nichts daran geändert, dass Sabine den sehr, sehr klaren und sehr, sehr naheliegenden Verdacht entwickeln musste, dass ich eine Affäre hatte.

Warum sie sich dann selbst auf eine eingelassen hat? Dass das nur eine kleine billige Rache war, nicht viel besser als das, was ich (vermeintlich) getan hatte, mindestens genauso dumm, egoistisch und moralisch ebenso verwerflich? Geschenkt. Ich hätte es an ihrer Stelle wohl auch getan. Oder zumindest daran gedacht.

Womöglich hätte ich aber – auch wenn ich eigentlich ein ziemlich verweichlichter, eher unkörperlicher Mann bin, der die Dinge normalerweise im Dialog zu lösen versucht, aber ich bin eben auch: immer noch ein Mann – versucht, meinen Nebenbuhler zu finden und ihm die Scheiße aus dem Leib zu prügeln. Was natürlich a) genauso primitiv und klein und dumm und moralisch verwerflich gewesen wäre, wie eine Affäre aus Rache. Und was b) niemals stattgefunden hätte, denn ich bin ein ziemlich verweichlichter, eher unkörperlicher Mann, der die Dinge normalerweise im Dialog zu lösen versucht.

Dass Sabine sich vielleicht auch deswegen auf diese kurze Affäre eingelassen hatte, weil sie ebenfalls nicht wirklich glücklich gewesen war in unserer Beziehung, das verstand ich erst später. Denn bei unserem Gespräch in dieser Nacht ging es erst mal nur um mich und mein völlig abstruses, hanebüchenes, primitiv-kindliches Verhalten. Zu Recht.

Sabine hatte jedes Recht, mir all das um die Ohren zu hauen. Es gab keine Entschuldigung, die das alles hätte wiedergutmachen können. Ich versuchte es gar nicht erst. Und deswegen liege ich jetzt auf der Matratze des schmierigen Sportstudenten und rauche und trinke und heule.

PS: Wirkliche Einsamkeit hat nicht unbedingt etwas damit zu tun, wie allein man ist, fand schon Charles Bukowski.

PPS: Einsamkeit ist etwas Innerliches und hat nichts mit alten, unbezogenen Matratzen, vollen Aschenbechern und leeren Weinflaschen zu tun. Einsamkeit hat nichts mit Anrufen bei den Kindern zu tun, in denen man sie belügt und erklärt, man wäre auf Geschäftsreise, und natürlich gehe es einem gut, und man sei nur ein bisschen heiser, und dann hustet man wie zum Beweis und legt schnell mit einer Entschuldigung auf, weil man nämlich heulen muss und nicht will, dass die Kinder das mitkriegen. Einsamkeit hat auch nichts mit dem Abstand zwischen Sabine und mir zu tun, mit der selbstverordneten Pause, in der wir einmal Luft holen, einen klaren Kopf kriegen, die Dinge klarer sehen, uns unserer Gefühle bewusstwerden und uns einmal in aller Ruhe sortieren wollen.

PPPS: Mein Gott, wie viele Floskeln kann ich noch in einen Satz packen?

ZWANZIGSTES KAPITEL, *in dem ich auch mal über andere nachdenke*

Ich rede dauernd nur über mich.

Sabine ist eine gestandene Ehefrau und Mutter von Anfang vierzig. Sie wollte früher eigentlich immer Innenausstatterin werden und träumte von italienischen Designerfirmen und Showrooms in New York, Dependancen in Paris und London natürlich. Aber Sabine hat auf die ganz große Karriere verzichtet.

Sabine war noch niemals in New York.

Sabine hat auf die große Karriere verzichtet, weil es sich, als sich die Kinder andeuteten, irgendwie zu waghalsig anfühlte, diesen großen Sprung zu machen, weil es zu viel Zeit erfordert hätte und weil sie dafür diesen einen Job in Italien hätte annehmen müssen. Aber da ich dieses komische Eifersuchts-Ding mit italienischen Kellnern habe und sie nicht überzeugt war, dass ich in der Lage wäre, eine Beziehung auf Distanz zu führen, sei es auch nur zeitweise, hat sie davon Abstand genommen. Stattdessen hat sie sich dazu entschieden, erst mal einen Job in einem familiengeführten Möbelunternehmen anzunehmen. Wo sie bis heute geblieben ist. Und wo die einzige Gelegenheit im Jahr, endlich wieder ein enges schwarzes Kleid und diese tollen hohen Schuhe aus London anzuziehen, sich auf den Empfängen der Möbelmesse bietet. Abgesehen von kleinen Verkaufstouren nach Antwerpen und Brügge.

Sabine war noch niemals in New York.

Sabine hat mich geheiratet, und sie hatte immer gewusst, dass eine Beziehung ein Geben und Nehmen ist und harte Zeiten auf einen zukommen. Und klar, sie hat sich in der Beziehung vermutlich auch etwas gelangweilt. Nicht immer, natürlich nicht, wir hatten großartige Zeiten! Aber es gab eben auch Zeiten, in denen alles schwer und trist und, ganz ehrlich, manchmal zum Verzweifeln gewesen ist. In denen man gar nicht oder aneinander vorbeiredete und sich fragte, wer dieser widerliche Mensch da gegenüber eigentlich war und warum man jemals auf die Idee gekommen ist, sich mit ihm einzulassen. Geschweige denn, zusammenzuziehen, Kinder zu zeugen, ein Haus zu kaufen. Und sich zu entscheiden, den Rest seines verdammten, KOSTBAREN Lebens mit ihm zu verbringen.

Sabine war noch niemals in New York.

Sabine hat irgendwann auch feststellen müssen, dass sich ihr Körper verändert. Dass ihre Brüste immer größer und schwerer wurden, dass es Bleistift-Tests gab, an denen sie scheiterte, dass ihre Hüften runder wurden. Erst recht nach den beiden Geburten, die einem Frauenkörper einfach Unfassbares abverlangen und eine Leistung sind, die Männer NIE wirklich nachvollziehen können: was es nämlich heißt, wenn in deinem Körper ein anderes Leben wächst, wenn du dein Blut und deinen Sauerstoff teilst und wenn du dann nach den schlimmsten Schmerzen der Welt dieses wunderbare Wesen auf die Welt bringst, das dich nicht nur dein straffes Bauchgewebe, sondern auch viele nächtliche Stunden Schlaf, beinahe sämtliche Momente der Selbstbestimmtheit, jede Freizeit und alle Nerven kosten wird, bis es ansatzweise selbständig ist, sagen wir mal mit sechs oder sieben Jahren – und dann fängt der ganze komplizierte Scheiß erst richtig an!

Sabine hat sich oft alleingelassen gefühlt, aber gleichzeitig verantwortlich, schließlich ist so eine Mutter-Sache etwas anderes als eine Vater-Sache. Trotz aller Modernität und Emanzipation war sie schließlich immer noch Kind ihrer Eltern und hat deren Werte und Familienbilder zum Teil übernommen. Was dazu geführt hat, dass Sabine ihr Leben lang einen Spagat zwischen ihren eigenen Wünschen, ihrem mütterlichen Pflichtbewusstsein, der Revolte dagegen, dem damit aber einhergehenden Schamgefühl, dem daraus wiederum resultierenden Trotzgefühl hingelegt hat – kombiniert mit dem sicheren *Wissen*, dass sie als die Mutter einiges eben besser konnte und wusste als ihr Mann. Dass sie emotionaler, empathischer war, dass sie immer erste Anlaufstation bei Kummer und Problemen war, weil eben SIE der Hafen war, das Nest, die sichere Basis. Aber natürlich auch der Prellbock, an dem man sich abarbeitet und der für seinen unermüdlichen Einsatz nie Dank bekommt, zumindest nie in angemessenem Maße.

Sabine war noch niemals in New York.

Sabine hat sich in unserer Partnerschaft eingerichtet. Sie hat sich in einem Sexleben zurechtgefunden, das sie auf eine sichere und verlässliche Art erfüllte, aber natürlich nie die krassen Spitzen und aufregenden Erfahrungen bot, wegen derer man Jahre später noch beim Gedanken daran rot werden würde. Sabine hatte sich auf ein Sexleben eingelassen, das bald nichts Herausforderndes mehr hatte, sondern in dem bestimmte Vorlieben und Wünsche schnell ausgelotet waren, in dem man sich auf die gesunde Mitte geeinigt hatte, so wie es die meisten Paare tun. Aber Sabine hat sicherlich auch gemerkt, dass sie immer weniger attraktiv für mich wurde. Sie wird die Schuld bei sich gesucht haben wie so viele Frauen, es auf ihre zu großen Brüste, die zu breiten Hüften, das schlaffere Bauchgewebe geschoben haben. Dann auf die Gewohnheit. Auf die Langeweile. Auf die Dauer unserer Partnerschaft. Aber natürlich ist sie verunsichert gewesen. Wer war sie denn eigentlich? Als Frau? War sie noch attraktiv? Erotisch? Oder war sie nur noch Mutter? Die Frau, die sich um viel, viel mehr im Haushalt und im Familienleben kümmerte, als man nach außen immer sah. Denn wer dachte an die ganzen sozialen Verpflichtungen, an die Geburtstage, kümmerte sich um Elternsprechtage, Kindesverabredungen, überlegte auch das große Ganze, nämlich ob ein Kind nicht mal einen Sport machen sollte, ob dessen Freunde und Freundinnen eigentlich gut für das Kind waren, ob es genügend Selbstbewusstsein hatte, ob es glücklich war – und das Gleiche galt auch für den Mann, mich. Bei alldem ist Sabine über die Jahre viel zu kurz gekommen.

Sabine war noch niemals in New York.

Kein Wunder, dass Sabines Welt ein Stück weit zusammenbrach, als sie die Vermutung haben musste, dass ich sie betrog. Dass sie immer misstrauischer wurde, immer mehr Indizien fand, dass sie nicht nur mich, sondern – in ihrer allgemeinen blöden Tendenz, die Schuld IMMER bei sich zu suchen – auch sich selbst hinterfragt hat. Dass sie dann aber auch anderes gefunden hat, eine Menge Wut, eine Menge Trotz, eine Menge Sachen, auf die sie verzichtet hatte, jede Menge unerfüllter Wünsche, Träume und Sehnsüchte. Alles offene Tore, in die jemand wie Marc blindlings reinrennen konnte.

Sie haben zweimal miteinander geschlafen. Es war wohl nicht so toll. Das zweite Mal hat es nur gegeben, um zu bestätigen, dass es wirklich nicht toll war. Und das Ganze war natürlich vor allem deswegen passiert, weil Sabine innerlich wusste, dass sie mir damit am meisten weh tun würde. Wenn sie mit meinem Freund, dem Womanizer, schlief. Von dem sie wusste, dass ich ihn immer heimlich beneidet habe. (Diese Wurst, wie Sabine früher immer verständnislos gesagt hatte. Sie hat mich nie verstehen können und ihre eigene intime Erfahrung mit Marc hat sie nur darin bestätigt.) Von dem sie aber auch sicher sein konnte, dass sie nichts zu erwarten hatte: keine Verliebtheit, keine komplizierte Affäre, keine große Liebe. Es war einfach nur um den Sex gegangen. Vor allem aber: um Rache.

Sabine hat sich ziemlich getäuscht. In Marc. Denn für den war es weitaus mehr als unverbindlicher, oberflächlicher Sex, wie Sabine und ich in den Tagen nach meinem Geburtstag herausfanden. Anscheinend war Marc schon seit Jahren in Sabine verliebt. Heimlich und voller Selbstvorwürfe, schließlich war ich sein bester Freund. Er hat sich seine Gefühle nie richtig eingestehen können. Auch deswegen hat er sich immer in oberflächliche und von vornherein zum Scheitern verurteilte Beziehungen geflüchtet. Weil er Sabine nicht haben konnte.

Und dann hat sie eines Abends vor seiner Tür gestanden, um mit ihm über mich zu reden. Das war jedoch nur ein Vorwand gewesen. Sie hat tatsächlich anderes im Sinn gehabt und deswegen extra ihre tollen Strümpfe, den engen Rock und den roten Pulli mit dem großen Ausschnitt angezogen. Es hat gewirkt. An diesem Abend hat Marc die Initiative ergriffen. Beziehungsweise Sabine ihn sie ergreifen lassen. Marc fühlte sich am Ziel seiner Wünsche angekommen.

Es dauerte, bis Sabine ihm den Zahn wirklich ziehen konnte.

PS: Ich habe Marc nie wieder gesehen.

PPS: Aber ich habe auch nicht nach ihm gesucht.

EINUNDZWANZIGSTES KAPITEL, *in*
dem ich beinahe philosophisch werde

«Ich war noch niemals in New York» ist eins der schlimmsten Lieder aller Zeiten. Ein verklärt romantisches, klischee-
triefendes, pathetisches Songmonster, das es irritieren-
derweise sogar zum Titel eines Musicals geschafft hat. Es
ist ein schmalziger, völlig dämlicher Song, den ich schon
immer gehasst habe. Ich werde ihn nie wieder erwähnen.

Allein schon deswegen, weil der Mann, der da Zigaretten
holen geht und kurz mit dem Gedanken spielt, abzuhauen
aus seinem viel zu engen Leben, dem Wunsch nach Freiheit
am Ende doch nicht nachgibt. Aber es ist natürlich ein Lied,
das deswegen so unfassbar erfolgreich war, weil es eine Seite in uns anspricht, die fast alle kennen: dass es Momente
oder Lebensphasen gibt, in denen uns alles zu eng scheint,
unser Leben sich trist und sinnlos anfühlt. Momente, in denen die Last des Alltags so schwer auf unserem Brustkorb
liegt wie ein Tausend-Pfund-Gorilla. Momente, in denen wir
plötzlich kaum noch Luft zum Atmen bekommen. Momente, in denen wir nur noch ausbrechen wollen.

Jeder kennt das. Menschen gehen jedoch unterschied-
lich damit um. Manche mit mehr Gelassenheit, mit mehr
Anstand, mit mehr Würde.

Ich zählte nicht dazu.

Es waren lange, harte Monate für uns alle. Für die Kinder, die irgendwann gar nicht mehr verstanden, was da eigentlich vor sich ging, und die unseren Beteuerungen, es sei alles in Ordnung, irgendwie auch nicht glauben konnten. Mama und Papa müssten nur ein paar Probleme klären, du kennst das doch selbst, du streitest dich doch auch manchmal mit deiner besten Freundin, und dann ist es irgendwann auch wieder gut.

Für Sabine, deren Leben plötzlich in eine Schieflage geraten war, die dadurch extrem verunsichert wurde und die ich tief verletzt habe.

Für mich, der sich in diesem inneren und äußeren Kampf aufgerieben hat. Ich habe mich zwischenzeitlich wie ein Dampfkochtopf gefühlt, außen das stählerne, unbarmherzige Skelett, das kein Entkommen, kein Abweichen zuließ. Innen der immer stärker werdende Druck, der mich zum Platzen bringen wollte. Es war grauenhaft gewesen.

Ich war grauenhaft gewesen.

Ich hoffte inständig, dass Sabine mir verzeihen würde, als ich sie bat, mich zurückzunehmen. Obwohl ich auf meinen Füßen stand, kniete ich. Innerlich. Wir hatten drei Wochen getrennt voneinander verbracht, ich hatte mich verkrochen, meine Wunden geleckt, versucht, einen klaren Kopf zu bekommen, um alles, was passiert war, zu durchdenken: Wie und warum Sabine so gehandelt hat, wie und warum ich das getan habe. Was mich angetrieben hat. Was dahintersteckte.

Sabine hatte den Break für sich genutzt, um ebenfalls alles auf den Prüfstand zu stellen, um zu überlegen, wie viel Zukunft dieses Leben mit mir eigentlich noch hat. Was sie will im Leben. Und was nicht.

Wir haben beide diese Zäsur genutzt, und uns ist klargeworden, dass nichts unser beider Leben so beeinflusst hat wie dieser Moment. Man sollte das nicht meinen, schließlich sind wir verheiratet und haben zwei Kinder bekommen. Aber wenn ich ehrlich bin: Das war beides etwas, das sich einfach ergeben hat, das organisch aus unserer Partnerschaft heraus entstand. Es war einfach so gewesen, dass Sabine und ich uns irgendwann angesehen hatten, und uns war beiden klar gewesen, dass wir heiraten werden. Wer da wen gefragt hat, spielte keine Rolle. (Aber natürlich hatte *ich* gefragt, schließlich bin ich der Mann und viel mehr in Rollenklischees verhaftet, als mir lieb ist.)

Gleiches galt für die Kinder. Hey – Sabine und ich schliefen miteinander, viel und gut (damals zumindest), und da wir uns irgendwann sicher waren, dass wir unser Leben miteinander verbringen wollten, war es völlig naheliegend gewesen, dass wir die Kinder, die wir haben wollten, auch miteinander zeugten. Ich muss zugeben, dass meine Vorstellungskraft seltsam beschränkt war. Damals, als Sabine vorschlug, wir sollten doch jetzt «endlich mal die Pille absetzen und ein verdammt schlaues, gewitztes, charmantes und entsetzlich süßes Kind zeugen, das die Leute uns sofort aus dem Kinderwagen reißen und klauen wollen», war ich sofort einverstanden, denn vor meinen Augen entstanden genau diese Bilder: Ich mit dem Kinderwagen und Sabine an meiner Seite auf der Straße, die beeindruckten, neidischen Blicke der anderen. Ich mit dem Kind im Fliegergriff (mit dem nackten Bauch auf meinem Unterarm liegend, ich dabei oben ohne übrigens und muskulös und sexy hoch zehn). Ich mit dem Kind, das gerade laufen gelernt hat, auf dem Spielplatz, und die Sonne scheint, und ich trinke eine Latte macchiato to go und bin tiefenentspannt. Und ja, ich beim Windelwechseln, das musste natürlich auch sein.

Dass Kinder aber weit mehr von einem fordern als eine frische Windel, dass sie irgendwann auch tatsächlich älter werden (huch!!!), dass damit auch ihre eh schon hohen Ansprüche steigen, dass sie irgendwann nicht mehr süß und witzig, sondern zickig und scheiße zu einem sind und einen beschimpfen – das habe ich nicht vorausgesehen. Und dennoch bin ich um jeden Tag, an dem die Kinder in meinem Leben sind, dankbar. Und um jeden Tag, den Sabine in meinem Leben ist, auch.

«Die Würde des Menschen ist unantastbar» – wer das gesagt bzw. ins Grundgesetz geschrieben hat, hat bestimmt nicht gleichzeitig «Ich war noch niemals in New York» gesummt. Würde meint den Wert eines Menschen – und dem sollte man mit Respekt und Achtung begegnen. Und sich andersrum auch seinem eigenen Wert entsprechend verhalten. Man sollte Respekt vor sich selbst und anderen haben. Denn Würde hat geschichtlich etwas mit dem Ansehen eines Menschen in der Gesellschaft zu tun. Die sprichwörtlichen Würdenträger sind daher immer herausgehoben, und wir sprechen ihnen sogar eine Erhabenheit zu.

Ich kann nicht behaupten, dass ich sonderlich würdevoll durch die letzten Monate gekommen bin. Erhaben erst recht nicht. Ich habe ziemlich viel gelogen. Ich habe betrogen. Ich habe meine Kinder benutzt, sie instrumentalisiert, hintergangen und bestohlen. Gleiches gilt für meine Ehefrau. Ich habe meinen eigenen Wert über den der anderen gestellt. Ich habe nur auf mich und viel zu wenig auf die Wünsche und Bedürfnisse der anderen geachtet.

Ich war eine Sau.

Die Leute haben mich dafür belächelt. Und zwar zu Recht. Auf Außenstehende muss ich albern, befremdlich und angestrengt gewirkt haben. Weil ich völlig panisch nach allem griff, was jung, neu, *anders* war. Was mir einen Kick versprach. Ich schnappte blind danach wie ein Ertrinkender nach einem Rettungsring. Nein, ich war NICHT cool. Ich war verkrampft und nervös. Ich kann jeden verstehen, der sich von mir abgewandt hätte.

Aber immerhin: Ich habe auch einiges gelernt. Vor allem über mich. Es ist schon komisch, man verbringt mit niemandem so viel Zeit wie mit sich selbst – und hat gleichzeitig oft gar keine Ahnung. Man ist sich in vielen Sachen so wahnsinnig fremd. Oder geht das etwa nur mir so?

Und das, obwohl ich schon 45 Jahre mit mir verbracht habe. Aber ich habe mir oft keine wirkliche Beachtung geschenkt. Stattdessen gab es dieses Gefühl «Ach, geht schon. Ist halt da, muss man mit leben». Die Gewohnheit an mich selbst, die mich blind mir und meinen Wünschen gegenüber gemacht hat. Nicht den kleinen, alltäglichen Wünschen gegenüber, wie «Ich würde so gerne mal wieder grillen», sondern den großen Wünschen und Fragen gegenüber, wie: Bin ich eigentlich glücklich?

Das Leben ist eine Achterbahnfahrt, und selbstverständlich kann niemand die ganze Zeit durchgehend glücklich sein und vor Freude aus dem Fenster springen wollen – allein, weil das der Körper gar nicht aushält, erst recht den Fenstersturz, aber auch, weil wir die Downs brauchen, damit wir die Ups überhaupt erkennen. Es geht um die Grundtendenz. Bin ich zufrieden, bin ich häufiger glücklich, als dass ich unglücklich bin? Geht mein Leben eigentlich in die richtige Richtung?

Und wenn nicht, ist das schlimm? Ist es vielleicht so viel besser als das, was ich mir einmal erhofft hatte? Mein Gott, was hatte ich mal für Visionen von meinem Leben, was, wenn ich wirklich mein Studium geschmissen und auf dieser Hippieinsel Gomera geblieben wäre und meinen Unterhalt auf der Bananenplantage hätte verdienen müssen (sonst gibt's da nämlich nix, außer Kellnern). Und ich frage mich, wie mein Leben heute aussähe, wenn ich wirklich damals diese Bar übernommen hätte, in der ich eine Zeitlang gejobbt habe. Nachtleben macht mit Anfang zwanzig Spaß, später ist das nur noch Abfuck und Alkoholabusus. Jeden Tag.

Was in meinem Leben stört mich wirklich?

Nein, ich meine nicht das Klein-Klein wie der doofe Nachbar links, der immer seine Blätter in unseren Garten rüberfegt, oder der andere Nachbar, der immer mit viel zu hoher Geschwindigkeit durch unsere Straße fährt. (Das ist eine Spielstraße, du Wixer!) Nicht die konfuse, übervorteilende Klassenlehrerin von Leonie. Nicht das Paar Schuhe, das gestern noch Summe x und heute plötzlich das Doppelte kostete. Nicht, dass meine Mutter wieder diesen latent weinerlichen Duktus hat, mit dem sie mir immer ein schlechtes Gewissen machen will, weil ich zu selten vorbeikomme. Dabei sollte ich froh sein, dass ich erstens überhaupt noch eine Mutter habe und sie mich zweitens so sehr liebt und vermisst, dass sie zu unlauteren Mitteln greift, um ihr Ziel durchzukriegen, mich häufiger zu sehen. Ich sollte das vermutlich einfach mal offen ansprechen, damit sie eine andere Strategie entwickelt. Und wenn es etwas gibt, was mich wirklich profund und tiefgreifend stört, sodass ich mich verbiegen muss, dass ich leide, dass ich unglücklich bin – dann sollte ich das erst recht angehen. Tja, wenn ich mir mein Leben so anschaue … dann ist das Einzige, was mich wirklich, wirklich stört: ich.

Verdammt.

Was ist mir wie viel wert?

Auf was kann ich eigentlich verzichten? Sind gewisse Dinge, an die ich mich verkrampft klammere, wirklich so wichtig, wie ich denke? Ist, in einem Eckbüro zu sitzen und mir eine Rolex-Sammlung zuzulegen, wirklich erstrebenswert? Oder sind die Typen, die diesen äußerlichen Insignien von Geld und Macht hinterherstreben, nicht vielleicht ganz andere Typen als ich? Typen nämlich, denen genau das wichtig ist – und mir, wenn ich so wirklich darüber nachdenke, eigentlich nicht? So gar nicht.

Ist mir überhaupt bewusst, was ich bislang erreicht habe?

Warum bin ich neidisch auf einen Porsche, wie Götz ihn

fährt? Ist es nicht viel toller, wenn Ben in einem wichtigen Pokalspiel seiner Mannschaft ein Tor schießt, und das Erste, was er macht, ist, noch im Jubeln meinen Blick zu suchen, bevor ihn die anderen seiner Mannschaft grölend unter sich begraben? Ist es nicht viel toller, wenn sich meine Tochter, die ja plötzlich auch schon anfängt zu pubertieren, an mich kuschelt und mir mit schlaftrunkenen Augen erklärt, dass ich der beste Vater der Welt bin?

Wie viel Wertvolles steckt in meinem Leben, das wirklich Bestand hat? Und wenn es keinen Bestand hat, vielleicht ist auch das gut?

Sonst wäre ich womöglich immer noch mit Sonja aus der 9b zusammen, und die war damals ja schon schlimm und unerträglich und eine Zicke gewesen, und ich bedaure jeden, der sich mit ihr rumschlagen muss.

Ist es wirklich schlimm, dass ich die Träume, die ich einmal hatte, nicht alle in die Tat umgesetzt habe? Oder ist es sogar gut, dass einige Träume geblieben sind? Sonst wäre ich womöglich Feuerwehrmann geworden. Oder Cowboy.

Kann ich in den Spiegel sehen und mich, so wie ich da bin, akzeptieren?

Nun, wir wissen alle, dass es Tage gibt, an denen der Blick in den Spiegel schwerfällt. Aber es geht nicht um das widerliche, aus dem Mund riechende, faltige Etwas, das einen mit verkaterten Triefaugen debil anglotzt, sondern um den Typen, der im Großen und Ganzen eigentlich echt okay ist, weil er ein anständiger, verlässlicher Typ ist. Und bei sich. Und niemand etwas vormacht. Am wenigsten sich selbst.

Es gibt einen Philosophen, Henri Bergson, der hat 1900

eine Schrift über das Lachen verfasst, *Le rire*. Es geht darum, warum und wann etwas komisch ist. Verkürzt gesagt, beruht seine Theorie darauf, dass die Menschlichkeit, die Gesellschaft mit all ihren Normen und Werten immer in Bewegung ist. Das Leben ist ein stetiger Fluss, der von uns jederzeit eine Anpassung erfordert, *elasticité*. Komisch wird jemand, wenn etwas Mechanisches ins Spiel kommt. Wenn der Mensch nicht fähig ist, sich anzupassen, wenn er sich *verkantet*.

Nun, wenn ich wohl eins nicht konnte in den letzten Monaten, vielleicht Jahren, dann, mich dem Lauf des Lebens und seiner Vergänglichkeit anzupassen. Ich war zu einem Hampelmann geworden. Zur komischen Figur.

Aber ist es nicht so, dass man sein Leben mit all den Entscheidungen, die man getroffen, mit all den Fehlern, die man gemacht hat, annehmen muss? Unerträgliches darf man natürlich nicht hinnehmen, im Gegenteil, das muss man ändern. Aber sollte man nicht irgendwann die nötige Größe und Weitsicht oder wenigstens die analytische Distanz entwickeln, damit man klarsieht, was wichtig, was richtig, was zu akzeptieren ist? Wir sollten alle mehr beobachten, sollten lernen, uns zurückzunehmen, sonst enden wir alle wie Trolle im Internet, die giftige Pfeile abschießen und sich feige hinter Pseudonymen verstecken. Mir scheint es nicht so, als wären das alles Menschen, mit sich im Reinen und zufrieden sind. Stattdessen ist da so viel Hass und Gewalt zu spüren, die man bestimmt nicht in sich trägt, wenn man ein glückliches, zufriedenes und sich selbst akzeptierendes Leben führt.

Akzeptanz bedeutet nicht, Dinge erschlagen hinzunehmen und ohnmächtig durchzustehen, während man die Faust in der Tasche ballt. Akzeptanz, gerade in meinem Fall, bedeutet vor allem, seinen Frieden mit der eigenen Gewöhnlichkeit zu machen. Das so wenig Besondere an sich selbst anzuerkennen und nicht auf Teufel komm raus jemand anderes sein zu wollen. Das ist nichts als Posing.

Poser sind Aufschneider, unangenehme Menschen, mit denen man keine Zeit verbringen will, weil man, nachdem man sie durchschaut hat, ständig spürt, dass die Fassade des Gegenübers tatsächlich nichts als eine Fassade ist, dass sie auf Lügen und Schummelei beruht. Diese Menschen sind nicht echt, sie sind nicht – um das schlimme Modewort zu benutzen – authentisch. Aber nur mit Menschen, die «echt» sind, wollen wir langfristig Zeit verbringen. Und ihnen das geben, was uns viel Wert ist: uns selbst.

Aber wie wird man denn eigentlich «echt», wann wirkt man authentisch? Wenn man sein Gleichgewicht gefunden hat. Dann ruht man in sich. Und dann ist es auch völlig scheißegal, wie alt man ist. Und wenn einem die Erkenntnis, dass man verdammt noch mal bald sterben wird, dass man schon mehr als die Hälfte seines Lebens hinter sich gebracht hat, dass da so viel nicht mehr kommt, dass das Pendel schon zur anderen Seite ausschlägt, so eine Höllenangst macht, dann kann man das vielleicht auch offen zugeben. Und mit den Menschen darüber reden, die man am meisten liebt.

Wenn ich eins verloren habe in den letzten Monaten, dann mein Gleichgewicht. Die Balance zwischen mir und der Welt. Und wenn ich mit einem einzigen Menschen darüber sprechen will, über meine Angst, über meine Sorgen, über meine verkappten Träume, darüber, wie unglücklich ich manchmal bin, darüber, dass ich mir eingestehen muss, doch nicht der brillante Hotshot-Karrieretyp zu sein, sondern dass ich zu phlegmatisch, nicht schlau, nicht gewitzt genug bin, dann ist das Sabine.

Ich sollte auch mit ihr darüber sprechen, dass ich auch andere Frauen attraktiv finde und ja, dass ich mir manchmal vorstelle, mit ihnen zu schlafen. Dass das vielleicht daran liegt, dass sie einfach irgendwelche Sexualmuster in mir ansprechen, aber vielleicht auch, dass ich mich von Sabine gar nicht mehr begehrt fühle. Und dass ich weiß, dass das normal ist in langen Beziehungen, aber dass wir vielleicht trotzdem versuchen sollten, etwas daran zu ändern.

Ich sollte mit Sabine darüber reden, dass ich mir manchmal wie ein schlechter Vater vorkomme und manchmal wie der beste und tollste Vater der Welt, aber dass in der Mitte wohl die Wahrheit liegt und eben auch darin, dass Sabine den Kindern so viel gibt, was ich ihnen nicht geben kann. Und dass mich das manchmal erstaunt und ganz kleinmütig macht. Aber dass ich Sabine dafür liebe, auch dafür. Und dass ich stellenweise daran gezweifelt habe, weil ich dachte, dass ich etwas anderes wollte, weil mir alles, was ich hatte, lahm und langweilig und x-mal durchgekaut vorkam. Ja, auch sie. Aber dass ich diesen Umweg anscheinend gebraucht habe. Denn nichts anderes ist es gewesen, ein Umweg, eine Abzweigung in der Straße, die mich plötzlich in eine fiese Quizshow mit dreitausend Wer-wird-Millionär-

Fragen katapultiert hat, die einzig und allein dazu dienten, mich auszuquetschen. Ich saß im Scheinwerferlicht, alles andere war ausgeblendet, und alles was zählte, war nur noch ich.

Und das war ziemlich dumm von mir.

Alles.

Ich kniete also vor Sabine – diesmal wirklich. Ja, auf meinen Knien. Es war eine vielleicht etwas übertriebene Geste, aber in Momenten, in denen es um das ganz Große, das Ganze geht, kann man schon auch mal ein bisschen übertreiben. Aber was heißt übertreiben – es war einfach *angemessen*. Und ich bat Sabine, mich zurückzunehmen.

PS: ...

Marie Phillips
Miese Krise. Midlife Crisis leicht gemacht

Dir geht einfach alles auf den Zeiger! Deine Chefin. Deine Meetings. Deine olle Küche. Deine Freizeitgestaltung (es gibt keine). Deine spießige Tochter. Dein Mann!? Wie konntest du eigentlich hier landen? Und wie wäre es, wenn es ganz anders wär?

Probier's aus! Sag deiner Chefin, dass ihre langweiligen Meetings pure Zeitverschwendung sind! Renn raus aus dem Büro auf die Straße! Oder wandere gleich ganz aus.

176 Seiten

Lass dir ein Tattoo stechen. Kauf dir ein Motorrad. Angel dir ein heißes Date. Scheidung oder Paartherapie. Wellness oder Selbsterfahrung? Oder mach mal wieder *richtig* Party ...

155 Entscheidungen bringen dich durch die Krise – du bestimmst, wie es weitergeht! (In diesem Buch komplett risikofrei und ohne Nebenwirkungen.)

Weitere Informationen finden Sie unter **rowohlt.de**

Tillmann Prüfer
Kriegt das Papa, oder kann das weg?

Ein Vater und vier Töchter

Die wunderbar amüsante Geschichte
eines gutmütigen, hemmungslos
überforderten Vaters von vier Töchtern.
«Was, Sie haben vier Töchter? Wie
schaffen Sie das denn?» Das bekommt ein
Vater zu hören, der je eine Tochter im
Kindergarten, in der Grundschule, in der
Pubertät und im Abitur hat. Aber wer
erzieht hier eigentlich wen? Und wer
beantwortet ihm Fragen wie: Muss ich die
Freunde meiner Kinder mögen? Und
deren Eltern? Kann ich bei

224 Seiten

Liebeskummer helfen? Das muss er schon irgendwie rausfinden. Am
wichtigsten ist allerdings, dass Papa endlich mal Fahrstunden nimmt.
Denn während andere Väter ihre Kinder mit dem SUV durch die Welt
kutschieren, begleitet er seine Töchter mit den öffentlichen
Verkehrsmitteln zum Kindergeburtstag. Geht gar nicht.

Eckart von Hirschhausen, Tobias Esch

Die bessere Hälfte

Worauf wir uns mitten im Leben freuen können

In der Mitte des Lebens kann einem schon mal die Puste ausgehen. Alles stresst gleichzeitig: Beruf, Kinder, Eltern und die ersten körperlichen Macken. Geht es ab 40 nur noch bergab? Nein, sagen Eckart von Hirschhausen und Tobias Esch. Im Gegenteil. Die Zufriedenheit nimmt für die meisten Menschen in der zweiten Lebenshälfte zu! In einem inspirierenden Dialog gehen die beiden Ärzte auf die Suche nach dem Glück, das durch Erfahrung, Weisheit

288 Seiten

und Reife wächst. Sie finden persönliche Vorbilder, diskutieren über wissenschaftliche Forschung und knüpfen an eigenen Erfahrungen an. Und so gelingt den beiden Glücksexperten das kleine Wunder: Man bekommt beim Lesen richtig Lust aufs Älterwerden!

Weitere Informationen finden Sie unter **rowohlt.de**